Gymnasium Rheinland-Pfalz

Deutschbuch

Arbeitsheft 7

Arbeitstechniken
Texte schreiben
Lesetraining
Grammatik
Rechtschreibung
Lernstand testen

Herausgegeben von
Cordula Grunow und
Bernd Schurf

Erarbeitet von
Cordula Grunow, Angela Mielke,
Deborah Mohr, Vera Potthast,
Irmgard Schick, Sandra Simberger
und Andrea Wagener

Name: ______________________________

Klasse: ______________

Cornelsen

Inhaltsverzeichnis

Die Übersicht auf diesen Seiten hilft dir, **die Arbeit mit dem Arbeitsheft zu planen und zu überprüfen**.
Nach dem Bearbeiten einer Übung musst du deine Ergebnisse sorgfältig mit dem Lösungsheft abgleichen.
Trage ein, wann du die Seiten bearbeitet hast, und kreuze an, wie dir die Übungen gelungen sind:

☺ Gut gelungen! 😐 Das Meiste richtig. ☹ Manchmal unsicher.

Kennzeichnungen in diesem Arbeitsheft:

- **1** Aufgabe
- ●●● knifflige Aufgabe oder Aufgabe für die Schnellen
- **Information** Zusammenfassung des Grundwissens
- Tipps und Arbeitshilfen
- ► Der Pfeil sagt dir, auf welcher Seite du etwas nachschlagen kannst.

Mit dem beiliegenden Lösungsheft kannst du deine Ergebnisse selbst überprüfen.

Texte schreiben – Planen und überarbeiten

Methode **Ideen sammeln und ordnen**

Vor dem Schreiben eines Textes musst du geeignete **Inhalte sammeln und gliedern:**
- Welche **Art Text** ist gefordert, z. B. ein informierender Text oder ein erzählender Text?
- Schau dir das gegebene **Thema** genau an: Worum geht es?
- Sammle und gliedere alle Ideen in einer **Mind-Map**:
  - Schreibe das Thema in die Mitte eines Blattes.
  - Ergänze dazu Äste mit Oberbegriffen (Teilthemen).
  - Erweitere diese durch Zweige mit Unterbegriffen (weiteren Informationen).

Eure Klasse fährt nach Berlin. Zur Vorbereitung sammelt ihr Texte, in denen jede/r mögliche Ausflugsziele vorstellt.

1 **Bereite deinen Text vor, indem du Ideen dafür sammelst und ordnest. Vervollständige die folgende Mind-Map mit den angebotenen Begriffen: Beschrifte die freien Zweige, achte dabei auf Ober- und Unterbegriffe.**

Sehenswürdigkeiten • Stadtführung zu Fuß • besondere Bauwerke • Parks
Touren • Konzerte • Seen • Schiffstour • Kino

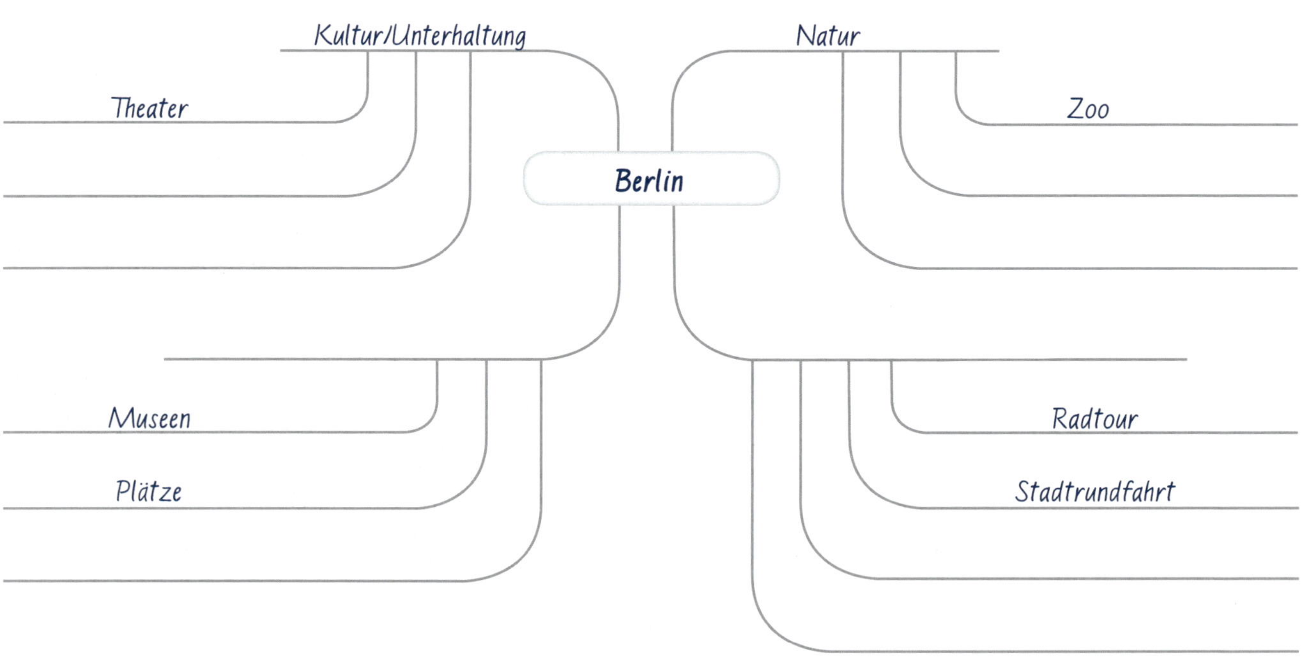

2 ●●● **Weißt du schon etwas über Berlin? Ergänze zu den folgenden Unterbegriffen je ein weiteres Ausflugsziel.**

Museen: *Madame Tussauds, Pergamonmuseum,* ______

Plätze: *Pariser Platz, Gendarmenmarkt,* ______

besondere Bauwerke: *Fernsehturm, Berliner Mauer,* ______

Methode **Einen Schreibplan anlegen**

Die Gliederung eines Textes erleichtert das Lesen.
Plane den **Aufbau**: Ordne deine Ideen in der Reihenfolge, in der du sie ausarbeiten möchtest.

- Achte auf eine passende **Einleitung:** Wie kannst du Leser/-innen für dein Thema interessieren?
- Lege für den **Hauptteil** eine **Reihenfolge** fest, indem du deine Ideen nummerierst.
- Formuliere den **Schluss**. Zeige, was dir persönlich am Thema besonders wichtig ist.

3 **a** **Mit den folgenden Textbausteinen können Einleitung (E), Hauptteil (H) und Schluss (S) eines informierenden Textes über Berlin beginnen. Prüfe ihre Reihenfolge und trage E, H und S ein.**
b **Ergänze die Sätze im Heft. Nutze dafür auch Informationen aus der Mind-Map auf Seite 4.**

☐ *Am ersten Tag können wir uns einen Überblick verschaffen. Entweder …*

☐ *Bei so vielen Möglichkeiten werden wir unser Wissen durch den Besuch der Stadt sicher deutlich erweitern. Uns steht bestimmt …*

☐ *Nach den Osterferien fahren wir mit unserer Klasse für eine Woche nach Berlin. Das ist …*

4 **Die folgenden Notizen für den Hauptteil sind durcheinandergeraten.**
Lies die Notizen aufmerksam. Nummeriere sie in sinnvoller Reihenfolge.

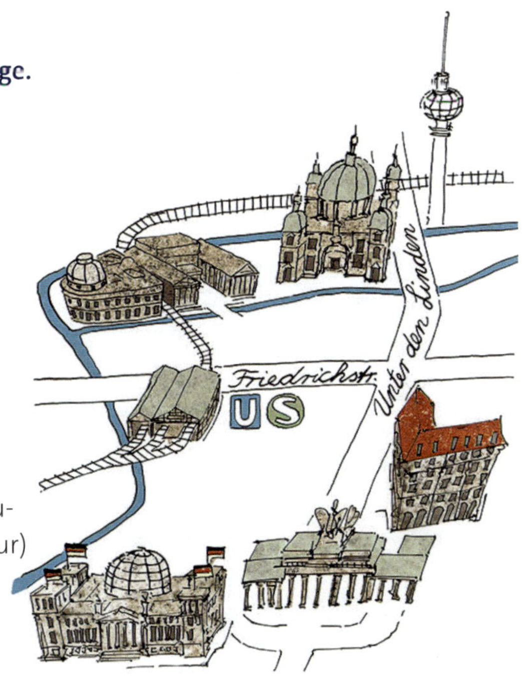

☐ A kulturelles Angebot: gemeinsame Abendgestaltung

☐ B noch weitere Museen, z. B. Neue Nationalgalerie (für Kunstinteressierte)

☐ C zweiter Tag: Sehenswürdigkeiten/Bauwerke Bezirk Mitte, z. B. Wahrzeichen Berlins: Brandenburger Tor (Pariser Platz)

☐ D Nachmittag vor der Abreise: freie Gestaltung

☐ E Regierungsgebäude (Nähe Pariser Platz): Reichstag (spektakuläre Glaskuppel) und Bundeskanzleramt (moderne Architektur)

☐ F Erholung (nach Museumsbesuchen): Erkundungen in der Natur (etwa Parks, Zoo und Umgebung)

☐ G vom Pariser Platz aus Spaziergang über die Prachtstraße „Unter den Linden“ (interessante Gebäude)

1 H Überblick am ersten Tag: Stadtrundfahrt (Doppeldeckerbus) oder Schiffstour auf Spree und Kanälen, um Berlin vom Wasser aus zu erleben

☐ I nach der „Gedenkstätte Berliner Mauer“ mit U-Bahn zur Museumsinsel (Insel in der Spree), einem der größten Kulturangebote der Stadt: verschiedene Museen (z. B. Pergamonmuseum, Alte Nationalgalerie, Neues Museum mit der Nofretete-Büste)

☐ J Fernsehturm am Alexanderplatz (fantastische Sicht über die Stadt)

☐ K dritter Tag: „Gedenkstätte Berliner Mauer“ (wichtig für Geschichte Berlins)

Methode | **Einen Text überarbeiten**

Selten ist ein Text in der ersten Fassung schon richtig gut.

1. Nimm dir die Zeit, deinen **Textentwurf** noch einmal **inhaltlich** zu **überprüfen**:
   - Versetze dich in die **Rolle deiner Leser/-innen**: Können sie den Text ohne Vorkenntnisse verstehen?
   - Werden sie durch **nichts Überflüssiges** durcheinandergebracht?
2. Überarbeite deinen Text mit der **Textlupe.** Achte besonders auf folgende Fragen:
   - Ist der Text in **Wortwahl** und **Satzbau abwechslungsreich und genau** geschrieben?
   - Sind **Rechtschreibung, Grammatik und Zeichensetzung** fehlerfrei?

5 **Lies die folgende Einleitung (1) eines Schülertextes, der über Berlin informiert.**

Berlin – eine vielfältige Stadt (1)

Wenn die Ferien vorbei sind, nach den Osterferien, fahren wir mit unserer Klasse gemeinsam für sieben Tage, also für eine Woche, nach Berlin. Berlin ist die größte deutsche Stadt in Deutschland und bietet eine Vielzahl und jede Menge an Sehenswürdigkeiten. Deshalb sollten wir für unsere Unternehmungen und Vorhaben einen genauen Plan machen.

a **Schreibe auf: Wie wirkt der Textauszug (1) auf dich? Was würdest du verbessern?**

---

b **Wende die Weglassprobe an: Streiche alle überflüssigen Wörter und Wendungen in der Einleitung oben durch.**

c **Schreibe die gekürzte Fassung in dein Heft.**

Streiche Überflüssiges, z. B.:
Wir freuen uns ~~überaus und~~ außerordentlich auf Berlin.

6 **Lies den folgenden Beginn des Hauptteils (2) des Schülertextes von Aufgabe 5.**

Berlin – eine vielfältige Stadt (2)

Am ersten Tag können wir uns einen Überblick über Berlin verschaffen. Entweder lernen wir die Straßen Berlins auf einer Stadtrundfahrt mit dem Doppeldeckerbus kennen oder wir schippern im Rahmen einer Schiffstour auf der Spree und den zahlreichen Kanälen durch Berlin. Hier erlebt man Berlin vom Wasser aus.

Auf jeder Fahrt nach Berlin ist der Besuch der wichtigen Sehenswürdigkeiten ein Muss. Am zweiten Tag sollten wir daher im Bezirk Mitte die wichtigen Bauwerke, Gedenkstätten und Plätze ansehen. Zu den wichtigen Bauwerken gehört auf jeden Fall das wichtige Wahrzeichen Berlins, das Brandenburger Tor am Pariser Platz.

a **Schreibe auf: Was stört dich beim Lesen des Textauszugs (2)? Was sollte verändert werden?**

---

b **Unterstreiche im Text Wörter und Wendungen, die sich wiederholen.**

c **Nutze die Ersatzprobe: Schreibe den Text verbessert in dein Heft.**

Vermeide Wiederholungen, z. B.:
Berlin ist schön. ~~Berlin~~ Die Hauptstadt ist spannend. ~~Berlin~~ Sie ~~ist~~ wirkt überwältigend.

7 **Lies die Fortsetzung des Hauptteils (3) des Schülertextes.**

Berlin - eine vielfältige Stadt (3)

In der Nähe liegen auch die Regierungsgebäude. Der Reichstag ☐ und das Bundeskanzleramt ☐ sind einen Besuch wert. Von da aus können wir zu Fuß auf der Prachtstraße ☐ an ☐ Gebäuden vorbei zum Alexanderplatz laufen. Vielleicht schaffen wir es sogar auf den Fernsehturm, von dem aus man ☐ eine fantastische Sicht über die ☐ Stadt hat.

a **Schreibe auf: Wie wirkt der Textauszug (3)? Wie könnte er verbessert werden?**

---

b **Wende die Erweiterungsprobe an: Entscheide für jede der folgenden Angaben, wo sie genauer informiert, und setze dort ihre Ziffer in den Textauszug oben ein.**

1 am Tag und abends
2 vielen weiteren interessanten
3 in seiner Nachbarschaft
4 „Unter den Linden“
5 gesamte
6 mit seiner spektakulären Glaskuppel

c **Schreibe den verbesserten Text in dein Heft.**

Informiere genau und anschaulich, z. B.:
Wir besuchen den Fernsehturm. → Wir besuchen den 368 m hohen Fernsehturm am Alexanderplatz.

8 **Lies die Fortsetzung des Hauptteils (4) des Schülertextes.**

Berlin - eine vielfältige Stadt (4)

Die Geschichte Berlins ist stark von der Mauer beeinflusst. Wir sollten deshalb am nächsten Tag vielleicht mit einem Besuch der Gedenkstätte „Berliner Mauer“ starten. Wir können danach mit der U-Bahn zur Museumsinsel fahren, um eines der größten Kulturangebote der Stadt zu nutzen. Wir können uns auf der Insel in der Spree je nach Interesse mehrere Stunden aufhalten und die verschiedenen Museen anschauen (z. B. Pergamonmuseum, Alte Nationalgalerie oder das Neue Museum mit der berühmten Nofretete-Büste). Wir können noch viele weitere interessante Museen besuchen, die Berlin bietet. Dazu gehören etwa das Deutsche Historische Museum, das Museum für Naturkunde. Für Kunstinteressierte steht z. B. die Neue Nationalgalerie auf dem Programm.

a **Kreuze an: Was stört im Textauszug (4)?**

A ☐ Umgangssprache
B ☐ Überflüssiges
C ☐ eintönige Satzanfänge
D ☐ Ausschmückungen

Führe die **Umstellprobe** durch und gestalte die Satzanfänge abwechslungsreich, z. B.:
Man kann nachmittags ausruhen. → Nachmittags kann man ausruhen.

b **Unterstreiche im Textauszug die Sätze, die ähnlich beginnen.**

c **Überarbeite den Textauszug mit der Umstellprobe und schreibe ihn verbessert in dein Heft.**

9 **a** **Im Schlussteil des Schülertextes (5) sind 18 Wörter falsch geschrieben. Unterstreiche die Fehler.**
b **Auch die Zeichensetzung ist fehlerhaft. Setze sieben Kommas ein, wo sie fehlen.**

VORSICHT FEHLER!

Berlin – eine vielfältige Stadt (5)

Bei all dem Pflaster treten ist wohl klar das die Erholung nicht zu kurzkommen darf. Deshalb können wir Museumsbesuche mit Erkundungen in der Natur abwechseln denn Berlin bitet viel grün zum Beispiel Parks und den Zoo samt Umgebung. Zum kulturelen Unterhaltungsangebot der Stadt gehören schlieslich auch Theater Kino und Konzerte. Daher sollten wir Abends auf jeden Fall das eine oder andere dieser Angebote zusammennutzen. Den nachmittag vor der Abreise am Freitag Morgen dürfen wir freigestalten. An Freizeitangeboten vor allem für Kinder und Jugendliche mangelt es bestimmt nicht. So gibt es etliche Gelegenheiten zum shoppen oder einfach zum abhängen zum Beispiel in einem der Schwimmbäder. Bei so vielen Möglichkeiten werden wir unseren Horizond durch den Besuch der Stadt sicher deutlig erweitern. Uns stet bestimmt eine sehr spanende Woche in Berlin bevor.

10 **a** **Überarbeite jeden der Fehler im Textauszug (5) mit Hilfe der folgenden Tabelle für Fehlerschwerpunkte.**
Trage die verbesserten Wörter in die mittlere Spalte der Tabelle ein.
Tipp: Lege deine eigene Tabelle für deine Fehlerschwerpunkte an. Du kannst sie im Heft oder am Computer erstellen.
b **Zähle in der rechten Spalte zusammen: Welche Fehler wurden am häufigsten gemacht?**

Du machst weniger Rechtschreib- und Zeichensetzungsfehler, wenn du deine **Fehlerschwerpunkte** kennst. Konzentriere dich bei der Überarbeitung eines Textes auf diese und übe anschließend gezielt.

Fehlerschwerpunkte	verbesserte Wörter	Häufigkeit
1 **Groß- und Kleinschreibung** (Übungen ► S. 76–80)		
2 **Getrennt- und Zusammenschreibung** (► S. 82–85)		
3 **kurze Vokale** (► S. 87–89)		
4 **lange Vokale** (► S. 90–94)		
5 **s-Laut** (► S. 97–100)		
6 **ähnlich oder gleich klingende Laute** (Verlängere: d/t, b/p, g/h?)		

11 **Werte deine beiden letzten Klassenarbeiten im Fach Deutsch mit der Tabelle für Fehlerschwerpunkte aus.**

Informieren und berichten

Information **Schreibplan für einen Bericht**

Ein Bericht informiert **knapp und genau** über ein vergangenes Ereignis.
Er beschränkt sich auf die **wesentlichen Informationen** und beantwortet die **W-Fragen**.
Aufbau:
- In der **Einleitung** informierst du knapp darüber, worum es geht:
  Was geschah? Wann geschah es? Wo geschah es? Wer war beteiligt?
- Im **Hauptteil** stellst du den Ablauf des Ereignisses in der zeitlich richtigen Reihenfolge dar:
  Wie lief das Ereignis ab? Warum?
- Am **Schluss** nennst du die Folgen des Ereignisses oder gibst einen Ausblick:
  Welche Folgen hatte das Ereignis?
- Formuliere eine knappe und treffende **Überschrift**, die das Ereignis genau benennt.

Das Schreiben eines Berichts kann eine Aufgabe in einer Klassenarbeit sein.

1 **Tim möchte in seiner Schülerzeitung über eine ganz besondere „Facebook-Party" berichten. Lies die Aussagen in den Sprechblasen genau und markiere die Informationen, die Antworten auf die W-Fragen geben, farbig.**
Blau: Was? Wann? Wo? Wer?
Gelb: Wie? Warum?
Grün: Welche Folgen?

Herr Hackmann (Polizeisprecher): Am 6. Juli 2013 kurz nach 21:00 Uhr verlor ein voll beladener Getränkelaster einen großen Teil seiner Ladung auf der Bundesstraße 6 im niedersächsischen Syke. Beim Durchfahren einer Rechtskurve öffnete sich aus noch ungeklärter Ursache eine Seitenklappe des Anhängers. Ein Großteil der Ladung, insgesamt 36 Paletten Mineralwasser und Limonade in Plastikflaschen, fiel auf die Fahrbahn. Die Bundesstraße musste voll gesperrt werden. Die Feuerwehr reinigte zusammen mit freiwilligen Helfern die Einsatzstelle. Gegen 23:30 Uhr wurde die Bundesstraße 6 für den Verkehr wieder freigegeben.

Lena (freiwillige Helferin): Habe bei Facebook davon erfahren und bin sofort hingefahren! Das war ein krasser Anblick: Über eine Strecke von fast 100 Metern war die gesamte Bundesstraße total voll mit Getränkekisten und -flaschen. Freiwillige Helfer durften alles mitnehmen. Die Nachricht hat sich über Facebook sehr schnell verbreitet. Fast 200 Helfer waren vor Ort! Die Facebook-Party mit Freigetränken hat großen Spaß gemacht. Bei dem Wetter ist das eine tolle Sache!

Herr Schmidt (Feuerwehrmann): Ich vermute, dass der LKW-Fahrer die Tür seines Wagens nicht richtig zugemacht hatte. Aber wir hatten Glück im Unglück. Der Fahrer des LKW ist unverletzt geblieben. Außerdem haben die vielen freiwilligen Helfer dafür gesorgt, dass wir mit unseren Arbeiten schnell vorankamen und die Sperrung der Straße schon bald wieder aufgehoben werden konnte.

Geschäftsführer der Getränkefirma: Ich sehe den ärgerlichen Unfall als eine gelungene Werbeaktion an. Das ist für uns gut gelaufen und ich denke, die Bevölkerung hat auch noch etwas davon gehabt. Der eine mehr, der andere weniger.

2 **Lege für Tims Bericht einen Schreibplan an, indem du die Informationen in die Übersicht einträgst.**

Einleitung

Was? *LKW verliert Getränkeladung, Fahrbahn voll gesperrt,* ____

Wann? ____

Wo? ____

Wer? ____

Hauptteil

Wie und warum? ____

____

____

Schluss

Welche Folgen? ____

____

3 **Die folgende Einleitung ist nicht sachlich genug verfasst.**
a Streiche überflüssige Kommentare durch.
b Unterstreiche Unsachliches und notiere in der Randspalte Verbesserungsvorschläge.

VORSICHT FEHLER!

Schreibe **sachlich und nüchtern**. Vermeide Ausschmückungen, Umgangssprache oder Vermutungen.

Am 6. Juli 2013 verlor ein ~~sehr fantasievoll lackierter~~ LKW auf der Bundesstraße 6 im niedersächsischen Syke voll viele Getränke, wahrscheinlich weil die Tür nicht richtig zu war. Die ca. 200 über Facebook zusammengetrommelten Helfer, die die Feuerwehr unterstützten, verwandelten die Straße in eine supercoole Facebook-Party.

4 **Arbeite den folgenden Textauszug von Tim im Heft richtig aus:**
- **Setze die Verben in Klammern ins richtige Tempus.**
- **Tausche die umrahmten Satzanfänge so aus, dass sie die Reihenfolge der Ereignisse deutlich wiedergeben.**

[Nachdem] (öffnen) sich die Seitenklappe des Anhängers, woraufhin sich 36 Paletten Mineralwasser und Limonade in Plastikflaschen über fast 100 Meter Fahrbahn (verteilen). [Kurz darauf] die Bundesstraße voll gesperrt (werden), (beginnen) die Feuerwehr mit den Aufräumarbeiten. [Gegen 21:00 Uhr] (kommen) ca. 200 freiwillige Helfer dazu, die über Facebook von der Aktion (erfahren).

- Mache die **Reihenfolge** der Ereignisse durch passende Satzanfänge deutlich, z. B. *Zuerst …, Kurz darauf …*.
- Verwende als Zeitform das **Präteritum** (*fuhr, kamen*).
- Schreibe im **Plusquamperfekt**, wenn etwas vorher passiert ist, z. B.: *Nachdem die Helfer die Straße aufgeräumt hatten, gingen sie heim.*

Information **Redewiedergabe in der indirekten Rede**

Um wiederzugeben, was jemand gesagt hat, verwendet man die indirekte Rede. Das Verb steht dann im Konjunktiv I (▸ S. 48 f.), z. B.: *Der Feuerwehrmann sagte, er sei über den Ablauf der Aufräumarbeiten sehr froh.*

5 **Tim möchte wiedergeben, was die Beteiligten zu dem Unfall gesagt haben. Gib die folgenden Zitate in indirekter Rede wieder.**

Verwende im einleitenden Hauptsatz **abwechslungsreiche Verben**, z. B. *feststellen, erklären, berichten, beschreiben, aussagen, darlegen.*

A Freiwillige Helferin: „Die Nachricht hat sich über Facebook sehr schnell verbreitet."

Eine freiwillige Helferin erzählte, die Nachricht habe ______________________

____

B Freiwillige Helferin: „Die Facebook-Party mit Freigetränken hat großen Spaß gemacht."

____

____

C Feuerwehrmann: „Der Fahrer des LKW ist unverletzt geblieben."

____

____

D Geschäftsführer der Getränkefirma: „Ich sehe den ärgerlichen Unfall als eine gelungene Werbeaktion."

____

____

6 **a** **Schreibe einen zusammenhängenden Hauptteil und Schluss für Tims Bericht in dein Heft. Verwende dazu deine Vorarbeiten aus den Aufgaben 4 und 5 und schreibe ins Heft.**
b **Formuliere eine treffende Überschrift für Tims Bericht.**

7 **Erstelle Fragen für eine Checkliste zum Schreiben eines Berichts.**
●●● **Das Merkwissen und die Tipps auf den Seiten 9 bis 10 helfen dir dabei.**

Beantwortet der Bericht alle ______________________?

Ist das Geschehen in ______________________ wiedergegeben?

Informiert der Bericht ______________________ über das Ereignis?

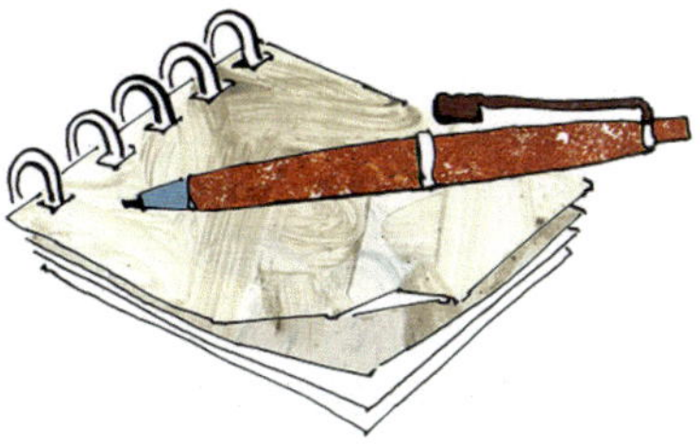

Ist der Bericht ______________________ formuliert?

Ist die Überschrift ______________________?

Wurde das richtige __________ verwendet: __________ oder __________?

Argumentieren und überzeugen

Eine Pro-und-Kontra-Diskussion führen

Information **Argumentieren: Meinung, Argument, Beispiel**

Beim Argumentieren versucht man, überzeugend zu begründen: Man stellt eine **Meinung** (Behauptung) auf, die man durch **Argumente** stützt und durch **Beispiele** veranschaulicht bzw. erklärt:

- **Meinung**: *Meiner Meinung nach ist Lästern ein schlechtes Verhalten, …*
- **Argument**: *…, weil man damit Menschen sehr unrecht tun kann.*
- **Beispiel**: *Zum Beispiel wurde in meiner Klasse neulich jemand als Lügner dargestellt. Viele sprachen nicht mehr mit ihm, bis er von dem Gerücht hörte und die Sache richtigstellen konnte.*

1 a **Lies die folgenden Diskussionsbeiträge.**
b **Prüfe für jede der Positionen, ob du ihr zustimmst oder nicht.**
Trage ein: ✓ (= stimme zu) oder ✗ (= bin anderer Meinung).

Merle Kärber, Schopfheim

☐ Lästern ist oft nah dran am Mobbing. Egal wie, das sollte verboten werden! Das Opfer muss oft lange Zeit unter den Anfeindungen leiden. Dass es dafür sogar extra Webseiten gibt, ist fies und gemein.

Nele Vennry, Grossenwil

☐ Man sollte die Läster-Foren verbieten, weil es nicht alle etwas angeht, ob jemand gerade ein Kilo zugenommen hat oder nicht. Es ist nicht dasselbe, ob so etwas auf dem Schulhof oder im Internet herumgeht. Im Netz ist es einfach feige und unfair.

☐ Ich finde Ablästern im Internet gut.
Wenn jemand einen den ganzen Tag nervt, will man einfach mal bei anderen Dampf ablassen.
Das ist doch okay!

Mirko Klemens, Leipzig

☐ Man sollte das öffentliche Lästern verbieten. Wenn man motzen will, dann im Freundeskreis, aber doch nicht im Internet! Solche Sachen kann man ja nicht mehr löschen.
Stell dir mal vor, du lästerst fröhlich über jemanden und nachher triffst du ihn und findest ihn ganz nett. Wäre doch schrecklich!

Theresia Dworscheck, Bergheim

Samuel Rabé, Neustadt/Weinstraße

☐ Läster-Seiten zu blockieren, das geht gar nicht! Das wäre Internet-Zensur und die sollte eigentlich in einem Rechtsstaat wie Deutschland verboten sein. Wenn man die Seiten blockiert, hilft man dem Opfer nicht, sondern duckt sich nur weg. Der Betroffene wird nämlich einfach weitergemobbt, etwa per E-Mail oder SMS.

2 **a** **Worüber äußern sich die Jugendlichen auf Seite 12? Gib das Thema mit eigenen Worten als Frage wieder.**
b **Unterstreiche in den Diskussionsbeiträgen Meinungen schwarz, Argumente grün und Beispiele blau.**
c **Trage die Argumente mit eigenen Worten in die nachfolgende Tabelle ein.**

Das Thema als Frage: ______________________________

Argumente	
pro (dafür)	kontra (dagegen)

3 **a** **Nele ist der Meinung, dass Lästerforen „feige" und „unfair" sind.**
Kreuze je ein Argument an, welches Neles Meinung deiner Ansicht nach am besten stützt.

In Internet-Foren zu lästern ist **feige**, ...

A ☐ ... weil man sich da oft an Schwächeren vergreift.

B ☐ ... denn die Lästermäuler bleiben oft anonym.

C ☐ ... da man sich im Netz nicht persönlich gegenübersteht.

In Internet-Foren zu lästern ist **unfair**, ...

D ☐ ... denn es gibt keine Regeln, an die man sich halten muss.

E ☐ ... weil meistens mehrere Menschen gegen jemand Einzelnen wettern.

F ☐ ... da eine Person hier völlig einseitig nur schlechtgemacht wird.

b **Veranschauliche jedes der beiden ausgewählten Argumente mit einem Beispiel.**

Beispiel zu Argument ____ : ______________________________

____

Beispiel zu Argument ____ : ______________________________

____

Methode **Schreibplan für einen Leserbrief**

In einem Leserbrief nimmst du persönlich Stellung zu einem Thema oder z. B. zu einem Artikel aus einer Zeitung oder einer Zeitschrift. **Aufbau:**

- **Betreffzeile:** Gib knapp den Bezug zum Zeitungsartikel an.
- **Anrede:** Beginne mit der **Anrede,** danach folgt ein **Komma**.
- **Einleitung:** Erkläre, worum es geht (**Thema** oder strittige Frage).
- **Hauptteil**: Formuliere deine **Meinung** zu diesem Thema/dieser Frage.
  - Argumente: Führe zwei oder mehrere überzeugende **Argumente** (Begründungen) an und veranschauliche diese nach Möglichkeit durch **Beispiele**.
    Deine Argumentation wird überzeugender, wenn du auf die Anordnung der Argumente achtest, z. B. können das erste oder das letzte Argument besonders schlagkräftig sein.
  - Mögliche Einwände (Gegenargumente) kannst du nennen, um sie zu entkräften.
- **Schluss:** Fasse dein Anliegen (z. B. als **Vorschlag oder Wunsch**) noch einmal zusammen.
- **Gruß:** Schließe mit einer **Grußformel** und deiner **Unterschrift**.

4 **Beteilige dich an der Diskussion über Läster-Foren im Internet: Bereite schrittweise einen Leserbrief vor.**

a **Schritt 1: Kreuze an, welche Position du vertreten willst.**

In meinem Leserbrief argumentiere ich …

☐ **für** das Verbot von Läster-Foren (pro),   ☐ **gegen** das Verbot von Läster-Foren (kontra).

b **Schritt 2: Notiere in Stichworten die Argumente, die du anführen willst. Du kannst auf Argumente von Seite 13 zurückgreifen oder weitere eigene Argumente finden.**

c **Schritt 3: Suche zu jedem dieser Argumente ein Beispiel als Stütze.**

Meine Argumente:	Meine Beispiele dazu:
(1)	(1)
(2)	(2)

d **Schritt 4: Schreibe einen Einwand auf, der gegen deine Meinung erhoben werden könnte.**

e **Entkräfte diesen Einwand mit einem weiteren Argument. Verwende die nebenstehenden Formulierungshilfen.**

Einwände entkräften: *Sicherlich kann man einwenden, dass … – Dennoch habe ich die Erfahrung gemacht, dass … – Obwohl … denken, dass …, – muss man berücksichtigen, dass … Es ist schon richtig, dass … – Es darf aber nicht übersehen werden, dass …*

5 **Schreibe den zusammenhängenden Leserbrief.**
Tipp: Orientiere dich an der folgenden Gliederung und dem Merkwissen auf Seite 14.
Verwende die Argumente und Beispiele, die du in Aufgabe 4 vorbereitet hast.

Betreffzeile Artikel zu Läster-Foren in „jugendjetzt“ 9/2013

Anrede Liebe Redaktion,

Einleitung: Thema/Frage (Überleitung zum Hauptteil) mit Interesse las ich

Hauptteil: Meinung

Zwei bis drei Argumente und Beispiele (evtl. Einwand entkräften)

Schluss: Zusammenfassung, Vorschlag, Wunsch

Gruß

Unterschrift

6 **Zu der Zeitschrift „jugendjetzt“ gibt es auch ein Internet-Forum.**
●●● **a** **Formuliere deinen Leserbrief von Aufgabe 5 zu einem Beitrag für das Internet-Forum um. Schreibe den Beitrag in dein Heft.**
b **Benenne die Unterschiede zwischen einem gedruckten Leserbrief und einem Beitrag in einem Internet-Forum. Übertrage dazu die folgende Tabelle in dein Heft.**

Merkmale eines Leserbriefs	Merkmale eines Beitrags in einem Internet-Forum
...	am Anfang keine Anrede nötig

Beschreiben und erklären

Eine Person beschreiben

Information | **Schreibplan für eine Personenbeschreibung**

Aufbau:
- Mache in der **Einleitung** allgemeine Angaben zur Person (z. B. Geschlecht, Alter, Nationalität).
- Beschreibe im **Hauptteil** das Aussehen der Person in einer geordneten Reihenfolge, von oben (z. B. Kopf, Haare, Gesicht) nach unten (z. B. Kleidung, Körperbau, Körperhaltung, Schuhe).
- Beschreibe am **Schluss**, wie die Person auf dich wirkt.

Schreibe im **Präsens** und formuliere in **sachlicher Sprache**.
Eine Personenbeschreibung kann Aufgabe einer Klassenarbeit sein.

1 **Schau dir das Foto dieser chinesischen Teepflückerin genau an.**

Geschlecht: ______________________________

Alter (geschätzt): ______________________________

Größe (geschätzt): 1,60 m ______________________________

Figur/Körperhaltung: ______________________________

Nationalität: ______________________________

Tätigkeit: ______________________________

2 **Betrachte das Gesicht genau. Wähle im folgenden Wortmaterial passende Formulierungen aus und markiere sie.**

Suche **aussagekräftige Adjektive**, um die Person zu beschreiben, z. B. *schlank, tiefschwarz*. Vermeide persönliche Wertungen wie z. B. *schön, süß, lieb* oder *hässlich*.

Kinn: Doppelkinn, vorspringend, zurückweichend, markant, spitz, breit, rund, eckig, Grübchen

Wangen: eingefallen, hohlwangig, voll, Pausbacken, gerötet, Grübchen

Zähne: gleichmäßig, spitze Eckzähne, strahlend weiß, verfault, Lücke, abgebrochen

Gesichtsform: länglich, oval, kantig, schmal, rund

Haare/Frisur: Kurzhaarfrisur, dünn, langes Haar, von der Sonne ausgebleicht, ergraut, kinnlang, tiefschwarz, glänzend/stumpf, zerzaust, gewellt, kräftig, fein, nach hinten gekämmt, zusammengebunden

Nase: Adlernase, Stupsnase, spitz, kurz, schmal, breit

Stirn: flach, (leicht) gewölbt, hoch, niedrig, kantig

Haut: faltig, Lachfalten, glatt, verrunzelt, pickelig, gerötet, gebräunt

Augen: dunkel, blau, eng beieinander/weit auseinander stehend, tiefliegend, mandelförmig, offen, blinzelnd

Mund: schmale/volle Lippen, klein, breit, geöffnet/geschlossen, geschminkt

Augenbrauen: schmal, buschig, dunkel, geschwungen, gezupft

3 **Der folgende Informationstext über die traditionelle Kleidung von Landarbeiterinnen wirkt eintönig, weil das Verb „haben" wiederholt vorkommt. Formuliere ihn um und schreibe ihn verbessert ins Heft: Die folgenden Verben helfen dir dabei.**

Verwende an Stelle der Wörter „ist", „sind", „hat" und „haben" **treffende Verben**, z. B.: *tragen, aussehen, besitzen, aufweisen, wirken, umgeben.*

stecken in … • hängen über … • bedecken mit … • tragen • aufweisen …

Traditionelle chinesische Arbeitskleidung

In China haben Landarbeiterinnen häufig eine schlichte Bluse mit langen Ärmeln aus strapazierfähiger Baumwolle an. Dazu haben sie schwarze Baumwollhosen mit gerade geschnittenem, etwas weitem Bein. An den Füßen haben sie schwarze Stoffschuhe oder Strohsandalen. Um Kopf und Gesicht vor der Sonne oder vor Regen zu schützen, haben sie als Kopfbedeckung einen Strohhut, der so groß ist, dass er einen Sonnenschirm ersetzt. Teepflückerinnen haben einen Korb für die geernteten Teeblätter an einem Trageriemen quer über die Brust.

4 **Die Teepflückerin auf dem Foto von Seite 16 trägt traditionelle Kleidung. Beschreibe diese genau: Die angebotenen Formulierungen unterstützen dich.**

Stickerei: Blumenmotive

Farben: dunkelblau, weiß, mittelblau, schwarzblau

Verzierung: Zierleiste, eingefasst

Kragen: hochgeschlossener Stehkragen, abgerundete Ecken

Knopfleiste: rechte Brustseite, weiße Knebelknöpfe, Schlaufenverschlüsse

Länge der Jacke: halblang, reicht bis zu den Oberschenkeln, seitlich etwas geschlitzt

Über einer mittelblauen Bluse, deren Ärmel etwas hochgekrempelt sind, trägt die Arbeiterin

5 **Arbeite eine vollständige Personenbeschreibung aus: Schreibe den folgenden Anfang in dein Heft und setze ihn fort. Verwende alle Informationen, die du auf den Seiten 16 bis 17 bekommen hast. Tipp: Berücksichtige die Gliederung/den Aufbau des Textes.**

Eine chinesische Teepflückerin – Personenbeschreibung

Auf dem Foto ist eine chinesische Teepflückerin mittleren Alters (etwa vierzig Jahre alt) abgebildet.
Sie steht zwischen zwei Reihen von hüfthohen, dunkelgrünen Büschen in einer Teeplantage.
Mit beiden Händen pflückt sie Blätter von einem Strauch ab.

} Einleitung

Die ca. 1,60 m große Frau lächelt breit, sie schaut direkt in die Kamera. …

Ein Bild beschreiben

Information **Schreibplan für eine Bildbeschreibung**

Aufbau:
- In der **Einleitung** informierst du über den Titel, die Künstlerin/den Künstler (sofern bekannt), die Entstehungszeit, die Technik (z. B. Aquarell/Öl auf Leinwand/Holz), das Format (Hochformat oder Querformat) sowie über den Gegenstand des Bildes.
- Im **Hauptteil** beschreibst du genau, was du siehst. Gehe vom **Gesamteindruck** des Bildes oder vom **Hauptmotiv** aus (Was ist abgebildet?). Erwähne dann die **Einzelheiten**. Gehe geordnet vor, z. B.: von der linken zur rechten Bildhälfte, von oben nach unten oder von vorn (Vordergrund) über die Mitte (Mittelgrund) nach hinten (Hintergrund). Beschreibe die **Farbgestaltung** (Welche Farben? Helle oder dunkle Farbtöne?) und eventuell auch die Formen oder Flächen (z. B. rund, eckig, weich) genau.
- Am **Schluss** gibst du wieder, wie das Bild insgesamt auf dich wirkt.

Schreibe im **Präsens** und formuliere in **sachlicher Sprache**.
Eine Bildbeschreibung kann Aufgabe einer Klassenarbeit sein.

Traditionelle Bilder chinesischer Maler möchten Vollkommenheit, Harmonie und Schönheit zum Ausdruck bringen, oft auch eine tiefe Verbundenheit mit der Natur. Das hier dargestellte Reisfeld ist bis heute typisch für ländliche Gebiete in China, Reis wird dort bereits seit fast 10 000 Jahren angebaut.

Reispflanzung (Entstehungsjahr unbekannt, vermutlich 19. Jahrhundert), unbekannter Maler (Buchmalerei), Wasserfarbe (Aquarell)

1 **Betrachte das Bild genau. Notiere stichpunktartig was du siehst.**

Gesamteindruck: ____________________

____

Hauptmotiv (Was wird dargestellt?):

____

____

Natur (z. B. Landschaft, Pflanzen): ____________________

____

Figuren (z. B. Kleidung, Aussehen): ____________________

____

Tätigkeiten: ____________________

____

Gebäude: ____________________

2 Untersuche den Aufbau des Bildes und notiere: Wo befindet sich was?

Hintergrund: ______

Mittelgrund: ______

Vordergrund: Reisfeld (grenzt an Damm), fünf Arbeiter (schlank) stehen knöcheltief im Wasser,

3 a Benenne die Farben im Bild. Wähle passende Farbadjektive aus und notiere diese neben dem Bild.

Grüntöne: hellgrün, flaschengrün, gelbgrün, blaugrün, dunkelgrün, schwarzgrün, leuchtend grün, blassgrün

Gelb-/Braun-Töne: rostbraun, dunkelbraun, hellbraun, beigefarben, sandfarben, ocker, honiggelb, hellgelb, fleischfarben

Blautöne: zartlila, blassblau, mittelblau, graublau/lichtgrau, leuchtend blau

Rottöne: rot, rotbraun, hellrot

b Beschreibe die Farbgebung des Bildes zusammenfassend. Wie wirkt sie auf dich?

Die Farbgebung des Bildes wirkt ______

4 Arbeite eine vollständige Beschreibung des Bildes „Reispflanzung" aus. Berücksichtige das auf den Seiten 18 und 19 Erarbeitete. Tipp: Achte auf die Gliederung/den Aufbau und eine sinnvolle Reihenfolge.

Verwende **treffende Verben**: *zeigen, abbilden, darstellen, besitzen, aufweisen, aussehen.*

Einen Vorgang beschreiben

Qigong[1]-Basisposition: „Stehen wie eine Kiefer“

Information **Schreibplan für eine Vorgangsbeschreibung**

Aufbau:

- Nenne in der **Einleitung** die notwendigen Materialien und/oder Vorbereitungen, z. B.: *Du ziehst dir bequeme Kleidung an und suchst dir einen ruhigen Ort im Freien aus, am besten eine Wiese.*
- Beschreibe im **Hauptteil** Schritt für Schritt den Ablauf des Vorgangs, hier der sportlichen Übung, z. B.: *Zuerst nimmst du eine Basisposition ein ... Danach ...*
- Gib zum **Schluss** einen weiterführenden Hinweis (Tipp), z. B.: *Damit die Übung eine Wirkung zeigt, musst du sie einige Male wiederholen.*

Schreibe im **Präsens** und formuliere in **sachlicher Sprache**.
Eine Vorgangsbeschreibung kann Aufgabe einer Klassenarbeit sein.

1 **Beschrifte die Abbildung: Worauf muss man beim Einnehmen der Basisposition achten? Tipp: Die angebotenen Formulierungen helfen dir.**

Stand: Füße parallel, schulterbreit auseinander • Blick gerade in die Ferne • Arme zu Bogen gespannt
Rücken aufrecht • Gewicht in der Körpermitte • Kopf und Nacken aufrecht • Brustbein heraus
Handinnenflächen in Höhe der Oberschenkel, Finger gestreckt
Knie leicht gebeugt • Schultern entspannt

A ______________________ E ______________________

B ______________________ F ______________________

C ______________________ G ______________________

______________________ H ______________________

D ______________________ ______________________

______________________ I ______________________

Sprachliche Gestaltung

- Verwende nur eine **Form der Ansprache:** *Man streckt die Arme ...* oder *Du streckst ...*
- Wechsel zwischen **Aktiv und Passiv** machen deine Beschreibung abwechslungsreicher, z. B.: *Du beugst die Beine leicht.* → *Die Beine werden leicht gebeugt.*
- Mache die **Reihenfolge** der einzelnen Schritte **deutlich**, z. B.: *zuerst, dann, danach, zum Schluss ...*
- Verwende treffende Verben, z. B.: *halten, (aus-)richten, hinstellen, zentrieren.*

2 **Formuliere die Anweisungen von Aufgabe 1 zu einer vollständigen Vorgangsbeschreibung aus. Wähle die <u>direkte Anrede</u> als Form der Ansprache (du). Schreibe ins Heft.**

---

1 Qigong: Ein in China sehr beliebter Sport. Das Training entspannt und verbessert die Bewegungsfähigkeit.

Qigong-Übung: „Zwei Ringe umfassen den Mond“

3 **a** **Schau dir die Bilder für die folgende Übung genau an.**
b **Lies die folgenden Schritte der Vorgangsbeschreibung: Sie sind durcheinander geraten. Überlege dir mit Hilfe der Zeichnungen, wie die Schritte aufeinanderfolgen müssen: Nummeriere sie so, dass sie den Bewegungsablauf genau beschreiben, den die Zeichnungen zeigen.**

A [ ] wenn die Hände in Schulterhöhe sind, den Oberkörper langsam und vorsichtig nach vorn beugen, die Hände führen den Kreis außen entlang fort, die Handflächen wenden sich langsam dem Boden zu

B [ ] mit weiterer Beugung des Oberkörpers Handflächen vor den Füßen wieder nach oben wenden, Fingerspitzen zeigen zueinander, Arme formen einen Kreis, **wichtig:** Wirbelsäule und Kopf bilden immer eine Gerade, den Nacken nie überstrecken

C [1] Füße schulterbreit geöffnet, Knie leicht gebeugt, Arme langsam über den Kopf heben

D [ ] die Arme über den Kopf heben, mit nach oben gewandten Handflächen und über dem Kopf zueinander gestreckten Fingerspitzen: Finger und Daumen bilden ein Dreieck

E [ ] gerade aufrichten, dabei „den Mond auf den Händen tragen“ und emporheben
Tipp am Schluss: Die Hände ohne Unterbrechung im Kreis führen und sie dabei mit sanfter fließender Bewegung wenden. Beim Zeichnen des Kreises vorstellen, eine „Spur im Wasser zu hinterlassen“.

F [ ] aufrichten, Hände langsam vor dem Körper nach oben führen bis zur Taille, die Fingerspitzen sind aufeinander gerichtet, aber berühren sich nicht, die Handflächen zeigen nach oben

G [ ] mit weiterhin leicht gebeugten Knien den Oberkörper langsam und mit gerader Wirbelsäule noch weiter neigen

H [ ] die Arme zeichnen zu beiden Seiten des Körpers einen Kreis abwärts, Ellbogen dabei leicht angewinkelt

4 **Beschreibe den Vorgang „Zwei Ringe umfassen den Mond“ in der man-Form.**
Beziehe die Basisposition von Seite 20 ein und schreibe ins Heft.
Achtung: Vermeide Doppelungen in der Beschreibung der Bewegungsabläufe.

Wähle Wendungen, die die **Reihenfolge** der einzelnen Schritte **deutlich machen**, z. B.: *als Erstes, danach, im Anschluss daran, dann, während, abschließend.*

Schildern

Information **Anschaulich und lebendig beschreiben**

Schildern heißt, eine Situation oder Stimmung **mit Worten** anschaulich und lebendig **auszumalen**. Schilderungen sind handlungsarm und geben vorrangig **Wahrnehmungen**, **Sinneseindrücke** (sehen, hören, fühlen, riechen/schmecken) sowie **persönliche Gedanken** und **Empfindungen** wieder. Sie beruhen auf genauen Beobachtungen.

Sprachliche Gestaltungsmittel für eine anschauliche Schilderung:

- **anschauliche Adjektive** und **Partizipien**, z. B.: *beschaulich, idyllisch, verträumt, geruhsam,*
- **ausdrucksstarke Verben**, z. B.: *fließen, strömen, kräuseln, wirbeln,*
- **sprachliche Bilder** wie Vergleiche, Metaphern und Personifikationen. (► S. 23)

Einen schildernden Text weiterzuschreiben kann Aufgabe einer Klassenarbeit sein.

1 **Lies den folgenden Anfang der Reportage: „Mein erstes Mal: Mit dem Kanu auf der Sieg".**

Mein erstes Mal: Mit dem Kanu auf der Sieg

Von Wolfgang Kaes

Als Junge war ich nahezu jede Nacht mit dem Kanu unterwegs. Ich fühlte mich darin unbesiegbar wie der große Winnetou[1], über den mein Vater mir aus seinen geliebten Karl-May-Romanen vorlas. Um meinen Kindertraum wahr werden zu lassen, verabrede ich mich mit einer Freundin zu einer Kanutour auf der oberen Sieg[2]. Zwar ist der 155 Kilometer lange Fluss nicht so aufregend wie der riesige Colorado River in Texas und mit feindlichen Angriffen aus dem Hinterhalt ist kaum zu rechnen. Während der Anreise wirkt das Flüsschen sogar eher beschaulich. Aber vielleicht wartet ja trotzdem ein Abenteuer auf mich. So weit meine Hoffnung.

Bei Windeck sind wir mit dem Bootsverleiher verabredet. „Die Anlegestelle ist unterhalb des Wasserfalls. Sind Sie schon einmal Kanu gefahren?", hatte er am Telefon gefragt. Moment mal: Wasserfall? Meine Nackenhaare hatten sich aufgerichtet, aber er hatte ja „unterhalb" gesagt. Oder? Ich war unerfahren wie ein frischgeschlüpftes Küken. Ob ich ein Paddeltraining vorausschieben sollte? Diese Fragen beunruhigten mich seither. Aber was soll's: Ein Indianer kennt keine Angst!

An der Ablegestelle wartet der Verleiher schon mit unseren Kanus, er überreicht uns Schwimmwesten. Dann tragen wir eines der dreisitzigen, feuerroten Kanus hinunter zum rauen Kiesstrand. Wir erhalten eine Einweisung in die Regeln für das Naturschutzgebiet, Anlegen ist nur an wenigen ausgewiesenen Stellen erlaubt, um die Wasservögel nicht zu stören. Wir machen eine Trockenübung in Paddeltechnik, bekommen das Verhalten bei Stromschnellen und am Wasserfall Dattenfeld erklärt. Nun muss ich doch kräftig schlucken. Doch noch ein Wasserfall? Ich spreche mir Mut zu. Auf geht's, unser Boot gleitet aufs Wasser wie ein stolzer Schwan. Schon nach einigen Minuten sind wir in einem grünen Dschungel untergetaucht, pures Amazonas-Feeling. Nur die Fischreiher am Ufer schauen uns zu. Absolute Stille. Ich finde es herrlich. Bis zur ersten Stromschnelle. Man hört sie, bevor man sie sieht. Das Wasser faucht wild und grummelt und gurgelt, sein Getöse wird stetig lauter. Dann geht plötzlich alles ganz schnell …

Bonner General-Anzeiger, 17. 7. 2012

1 Winnetou: Figur aus den gleichnamigen Romanen von Karl May (1842–1912), Häuptling der Mescalero-Apachen
2 Sieg: entspringt im Rothaargebirge, mündet bei Bonn in den Rhein

2 **a** **Markiere im Text oben Beispiele für anschauliches und lebendiges Beschreiben.**

b **Schreibe fünf weitere Beispiele für Wendungen aus Verben und Adjektiven/Partizipien heraus, die die Situation ausdrucksstark und anschaulich schildern. Schreibe sie ins Heft.**

jede Nacht mit dem Kanu unterwegs sein, …

Information **Sprachliche Bilder**

- **Der Vergleich**: Bei einem Vergleich werden zwei verschiedene Vorstellungen durch ein „wie" oder ein „als ob" miteinander verknüpft, z. B.: *Das Kanu tanzt wie eine Nussschale auf den Wellen.* Oder: *Das Kanu tanzt so anmutig auf den Wellen, als ob es eine kleine Meerjungfrau wäre.*
- **Die Metapher**: Bei einer Metapher wird ein Wort nicht wörtlich, sondern in einer übertragenden (bildlichen) Bedeutung gebraucht, z. B. *Nussschale* für Kanu: *Unsere Nussschale tanzte auf den Wellen.*
- **Die Personifikation** (Vermenschlichung) ist eine besondere Form der Metapher. Leblose Gegenstände, Begriffe oder die Natur werden vermenschlicht, d. h. ihnen werden menschliche Verhaltensweisen und Eigenschaften zugesprochen, z. B.: *Das kleine Boot trägt uns sicher durch die Wellen.*

3 **a** **Markiere die sprachlichen Bilder im Textausschnitt auf Seite 22: die drei Vergleiche gelb, die drei Metaphern grün und die Personifikation blau.**
b **Gib für jeden der folgenden Sätze an, ob er sachlich informiert oder schildert: Kreuze an.**

	sachlich informierend	schildernd
A Selbst ein ruhig dahinfließender Fluss kann wie aus dem Nichts blitzschnell voranrasen.	☐	☐
B Eine Stromschnelle entsteht in einem Bach oder Fluss dort, wo sich das Gefälle erhöht und/oder sich das Tal verengt, zum Beispiel durch Gestein, Felsbrocken oder ein Wehr.	☐	☐
C Ein Wasserfall entsteht, wo an Gesteinsstufen die Strömung des Wassers in den freien Fall übergeht.	☐	☐
D Ein Wasserfall gleicht manchmal einem tobenden Meeresuntier.	☐	☐

4 **Versetze dich in die Situation der Paddler, sodass vor deinem inneren Auge ein genaues Bild entsteht. Lege im Heft eine Tabelle nach dem folgenden Muster an. Sammle darin Ideen und formuliere diese aus.**

Wahrnehmungen, Sinneseindrücke, Gedanken, Gefühle	mögliche Formulierungen
Felsen im Wasser …	*Wir mussten zwischen schwarzen, moosbewachsenen Felsen hindurch, die sich wie die Tore der Hölle vor uns aus dem Fluss erhoben. …*

5 **Setze die Reportage von Seite 22 im Heft fort. Schreibe im Präsens wie der Reporter im Textauszug.**

6 ●●● **Überarbeite deine Fortsetzung von Aufgabe 6 mit dem ESAU-Verfahren.**

Methode **Texte überarbeiten: Das ESAU-Verfahren**

- **E**rgänzen: fehlende Wörter, Sätze, Gedanken oder Abschnitte ergänzen.
- **S**treichen: überflüssige Wörter, Sätze, Gedanken oder Abschnitte streichen.
- **A**ustauschen: unpassende Wörter, Sätze, Gedanken oder Abschnitte durch treffendere ersetzen.
- **U**mstellen: bei unstimmiger Reihenfolge von Wörtern, Satzgliedern o. Ä. umstellen (verschieben).

Informationen entnehmen und vergleichen

Einen Sachtext lesen und verstehen

Methode **Die Fünf-Schritt-Lesemethode**

1. Schritt: Einen Überblick gewinnen
Lies die Überschrift(en) und die ersten Zeilen des Textes, betrachte die Abbildungen.

2. Schritt: Den Text zügig lesen
Lies den gesamten Text zügig durch. Mache dir klar, was das Thema des Textes ist.

3. Schritt: Unbekannte Wörter und Textstellen klären
Kläre dir unbekannte Wörter und schwierige Textstellen durch Nachdenken oder Nachschlagen.

4. Schritt: Den Text sorgfältig lesen und bearbeiten
Markiere Schlüsselwörter, gliedere den Text in Sinnabschnitte und notiere dazu Zwischenüberschriften.

5. Schritt: Die Informationen zusammenfassen
Fasse die Informationen des Textes in Stichworten oder wenigen Sätzen zusammen.

1 1. Schritt (Überblick)
Lies die Überschrift und überfliege den Anfang des folgenden Sachtextes.
Sieh dir die Abbildung auf Seite 25 an.
Überlege, was du möglicherweise schon über das Thema weißt.

2 2. Schritt (erstes zügiges Lesen)
a **Lies den folgenden Text über die Sportart Parkour zügig durch. Kreise dir unbekannte Wörter ein.**
Tipp: Halte dich nicht lange mit Einzelheiten auf, die dir noch unverständlich sind.
b **Notiere nach dem ersten Lesen das Thema des Textes.**

Neue Sportart Parkour – ein akrobatischer Hindernislauf
Von Martine Conrad

Seine Augen suchen verzweifelt nach einem Ausweg. In einer scheinbar aussichtslosen Position balanciert der Schurke Malloka am Ende des Kranarms. Doch mit katzenhafter Eleganz fliegt er in einem Doppelsprung auf das nächste Hausdach, um James Bond, dem Agenten Ihrer Majestät, zu entkommen. Im Bond-Film „Casino Royale“ wirken die Darbietungen von Sébastien Foucan, der Mollaka spielt, als könne er die Gesetze der Schwerkraft überwinden. Doch Foucan ist nur Miterfinder einer neuen Sportart, des „Parkour“. Dabei geht es darum, in gradliniger, fließender Bewegung Hindernisse wie Zäune, Mauern und Abgründe zu überwinden, die der normale Läufer in der Stadt umgehen muss. Entwickelt hat sich diese akrobatische Form der Fortbewegung in den Betonwüsten der französischen Satellitenstädte, welche den Anhängern von Parkour ein hervorragendes Übungsgelände bieten.

Bei Jugendlichen – besonders bei Jungen – liegt die extreme Form des Hindernislaufs zurzeit voll im

Trend, weil sie ähnlich wie Skaten zum Bestandteil der Jugendkultur geworden ist. Dutzende von Spielfilmen, Musikvideos und Werbeclips enthalten mittlerweile Stunt- und Akrobatikszenen im Stil von Parkour. Und so kann man in praktisch allen deutschen Großstädten Clubs und Gruppen finden, die sich der Vermittlung der neuen Sportart widmen.

Bevor man wie Sébastien Foucan gradlinig über städtische Hindernisse hechten kann, steht hartes Training auf dem Programm. Die künftigen Traceure – so nennen sich die Parkourläufer selbst – müssen zunächst die Grundlagen des Sports sicher beherrschen, um Verletzungen bei Sprüngen und Landungen zu vermeiden. Deshalb hat sich der Hamburger Schüler Richard an diesem Wochenende zu einem Parkourworkshop in der Hansestadt angemeldet. In einer alten Fabrikhalle haben die Veranstalter eine künstliche Landschaft aus typischen Parkour-Hindernissen aufgebaut. Die Mauern, Treppen und Geländer aus aufgerauter Spanplatte sind nicht nur weicher als Beton, sie lassen sich auch leicht zu immer neuen Hindernissen zusammenstellen.

Zunächst erklären die Trainer die Grundideen von Parkour: Es geht darum, sich in der Stadt quasi auf der Luftlinie von A nach B zu bewegen. Zur Überwindung von Hindernissen muss der Traceur dazu horizontale Energie, die Laufgeschwindigkeit, in vertikale Energie, die Sprungenergie, umwandeln. Springt der Läufer von Hindernissen in die Tiefe, fängt er die Fallgeschwindigkeit durch geschicktes Abfedern und Abrollen über die Schulter ab.

Dann führen die Profis einige Basistechniken vor: Katzensprung, Hochziehen an der Mauer, Präzisionssprung und Abrollen. Schließlich sind die Neueinsteiger an der Reihe. Richard lernt schnell, aus dem Anlauf genau auf eine Linie zu springen, die der Trainer auf dem Boden markiert hat. Die nächste Übung gestaltet sich deutlich schwieriger, denn die Teilnehmer sollen mit Anlauf sicher auf die dritte Stufe eines Treppenhindernisses springen. Was auf der ersten Stufe noch gut klappt, sieht auf der höchsten zunächst noch ziemlich wacklig aus. Die meisten Teilnehmer rutschen ab oder müssen die Hände zur Hilfe nehmen. Doch nach einer halben Stunde gelingt es schließlich allen, die enge Landefläche präzise zu treffen und stehend die Balance zu halten. Richard ist begeistert. Er will nach dem Workshop auf jeden Fall mit Parkour weitermachen.

Für seinen Trainer Marc hat sich Parkour schon zu einer echten Nebenbeschäftigung entwickelt. Der Abiturient ist seit nunmehr vier Jahren dabei. Er gibt nicht nur Kurse für Anfänger und Fortgeschrittene, sondern nimmt auch regelmäßig an Wettbewerben im Freerunning teil. Dabei handelt es sich um die Wettkampfvariante von Parkour. Vor Kurzem schaffte es Marc sogar auf die Bühne: Er zeigte im Rahmen eines Jugendmusicals waghalsige Kunststücke zu Hip-Hop-Musik. Die Zukunft seiner Sportart sieht er rosig: „Parkour ist voll im Trend. Wenn das so weitergeht, wechseln demnächst alle Skater zu uns“, meint der Neunzehnjährige stolz.

3 **3. Schritt (unbekannte Wörter und schwierige Textstellen klären)**

- Die Bedeutung **unbekannter Wörter** kannst du meist aus dem Textzusammenhang klären.
- **Wortzusammensetzungen** musst du zerlegen und nach dem Grundwort suchen, z. B.: *Kranarm = Kran + Arm.*
- Falls du immer noch Zweifel hast, schlage in einem **Lexikon oder Wörterbuch** nach.

a **Schlüssele die Bedeutung des Wortes „Satellitenstädte“ (Z. 16 f.) auf. Ergänze.**

	Bedeutung
Satellit	*Himmelskörper oder Flugkörper, der*
	Der Mond ist ein Satellit der
Stadt	*größere, geschlossene*
Satellitenstadt	*Eine Satellitenstadt ist eine*

b **Kläre die Bedeutung dir unbekannter Wörter und schwer verständliche Stellen im Text auf den Seiten 24 bis 25. Schreibe sie mit Erläuterung in dein Heft.**

Es ist nicht immer notwendig, wirklich jedes Wort zu kennen. Prüfe, ob du den Satz auch ohne das Wort verstehst.

4 **4. Schritt (zweites sorgfältiges Lesen)**
Lies den Text ein zweites Mal gründlich und bearbeite ihn:

a **Im ersten Textabschnitt (Z. 1–18) sind die ersten Schlüsselwörter hervorgehoben. Markiere in diesem Abschnitt weitere Schlüsselwörter, die die wichtigsten Informationen enthalten.**

b **Markiere die Schlüsselwörter im gesamten Text.**

Schlüsselwörter enthalten die wichtigsten Informationen eines Textabschnitts. Wenn du **W-Fragen an den Text** stellst, kannst du sie mit den Schlüsselwörtern beantworten, z. B.: *Wer? Was? Wo? Wann? Wie?*. Wenn du später nur die markierten Wörter überfliegst, weißt du sofort wieder, wovon der Text handelt.

5 **Der Text „Neue Sportart Parkour – ein akrobatischer Hindernislauf“ (S. 24–25) ist bereits in Sinnabschnitte unterteilt. Wähle für jeden Sinnabschnitt die passende Zwischenüberschrift aus und schreibe diese in die Leerzeile im Text. Achtung: Zwei Zwischenüberschriften passen nicht.**

Präzise Landung auf der Linie

Ein Ausflug in die Vorstädte

Ein spektakulärer Stunt

Schule für Traceure

Skater auf Spanplatten

Bühnenreife Könner

Neue Trendsportart

Methode **Informationen übersichtlich festhalten**

Die Informationen eines Sachtextes kannst du z. B. als Mind-Map oder in einer Stichwortliste erfassen.
- In einer **Stichwortliste** hältst du die Informationen des Textes **mit eigenen Worten** und
- in der **Reihenfolge** fest, in der sie im Text vorkommen.

Tipp: Die Schlüsselwörter, die du im Text markiert hast, helfen dir, die Informationen zusammenzufassen.

6 **Fülle die folgende Inhaltsübersicht aus: Notiere für jeden Sinnabschnitt die Zwischenüberschrift und gib die Informationen stichwortartig wieder.**

Sinnabschnitt 1: ____________________

____

Sinnabschnitt 2: ____________________

____

Sinnabschnitt 3: ____________________

____

Sinnabschnitt 4: ____________________

Sinnabschnitt 5: ____________________

____

Methode **Einen Sachtext mit eigenen Worten zusammenfassen**

Fasse den Inhalt des Sachtextes knapp und sachlich zusammen, sodass andere, die den Text nicht gelesen haben, über das Wesentliche informiert werden.
- Nenne in der **Einleitung** Titel, Namen des Verfassers/der Verfasserin und Thema des Textes.
- Fasse im **Hauptteil** die wichtigsten Textinformationen knapp, sachlich und in eigenen Worten zusammen. Verwende als Zeitform das **Präsens** (bei Vorzeitigkeit das Perfekt).

7 5. Schritt (Informationen mit eigenen Worten zusammenfassen)

a **Ergänze den Einleitungssatz und schreibe ihn vollständig ins Heft.**

In dem Text „ ? “ informiert ? über ? .

b **Vervollständige die Zusammenfassung des ersten Sinnabschnitts. Das angebotene Wortmaterial hilft dir. Schreibe ins Heft.**

akrobatische Weise • einem Bond-Film • Hindernisse • Sébastien Foucan • ~~eine neue Sportart~~

Parkour ist *eine neue Sportart*. Sie wurde in Frankreich unter anderem von ? entwickelt, der auch in einer Actionszene in ? aufgetreten ist. Die Sportlerinnen und Sportler nehmen den kürzesten geraden Weg durch eine Stadt und überwinden ? auf ? .

c **Fasse auch die Sinnabschnitte 2 bis 5 im Heft zusammen. Deine Vorarbeit in Aufgabe 6 hilft dir dabei. Orientiere dich an Aufgabe 7 b.**

Grafiken und Diagramme auswerten

Methode **Grafiken entschlüsseln**

Eine Grafik kann anschaulich **Zahlen** (z. B. Größenverhältnisse), **Konstruktionen und Funktionen** (z. B. Bauwerke) oder **Orts- bzw. Lageangaben** (z. B. Landkarten) darstellen.

1 Stelle fest, worum es in der Grafik geht.
2 Untersuche, was die Grafik darstellt, z. B. einen Vorgang oder räumliche Zusammenhänge.
3 Prüfe, ob die Grafik Farben, Beschriftungen oder Symbole enthält, die erklärt werden.
4 Schreibe auf, worüber die Grafik informiert.

Grafik 1

Parkourtechniken

Bezeichnung französisch	Bezeichnung deutsch	Ablauf
Franchisse-ment	Durch-bruch	durch Lücken schwingen (z. B. Fenster, Stangen)
Passe muraille	Mauer-sprung	Mauern anspringen und aus hängender Position hocharbeiten
Tic Tac	Tic Tac	sich mit Beinen von Objekten (z. B. Wände) abstoßen
Saut de chat	Katzen-sprung	Hocksprung über Objekte, Beine zwischen Armen hindurchführen

Tabelle

1 a **Ordne die Parkourtechniken in der Tabelle den Nummern in der Grafik 1 oben zu. Wähle die deutschen oder die französischen Begriffe.**

1 ______________________ 2 ______________________

3 ______________________ 4 ______________________

b **Beschreibe in einem vollständigen Satz, worüber die Grafik und die Tabelle informieren.**

____

2 a **Sieh dir die Grafik 2 rechts genau an. Schreibe auf, was sie zeigt.**

____

____

b **Erkläre, was die beiden roten Linien jeweils bedeuten.**

____

____

____

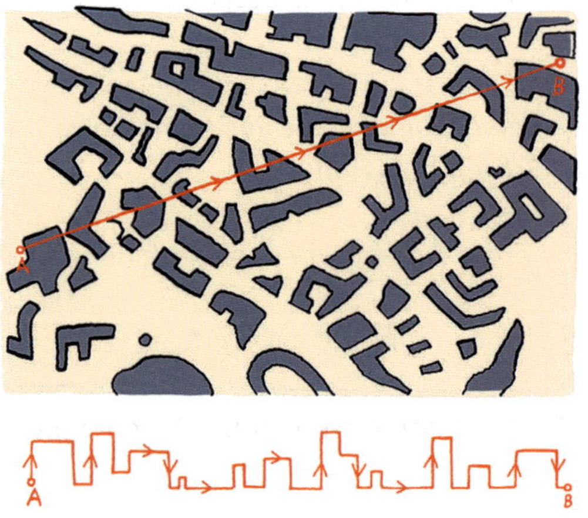

Grafik 2

Methode **Diagramme verstehen und auswerten**

Ein Diagramm ist eine **bildliche Darstellung von Daten und Informationen**. Die häufigsten Arten von Diagrammen sind: Säulendiagramm, Balkendiagramm, Kurvendiagramm und Kreisdiagramm.

1 Schau dir das Diagramm genau an. Lies die Überschrift und die übrigen Angaben und Erklärungen.
2 Stelle fest, worüber das Diagramm informiert. Welche Maßeinheiten werden verwendet, z. B. Prozentzahlen (%), Maße (m, cm), Gewichte (kg) oder Jahreszahlen?
3 Vergleiche die Angaben miteinander (höchster und niedrigster Wert, gleiche Werte).
4 Fasse zusammen, was im Diagramm gezeigt wird: Was lässt sich ablesen?

3 a **Das folgende Balkendiagramm zeigt das Ergebnis einer Umfrage. Schau es dir genau an.**

Trendsport an der Schule
An einem Frankfurter Gymnasium wurden alle Schülerinnen und Schüler der Mittelstufe befragt, welche Trendsport-AG mit professionellen Trainern an der Schule eingeführt werden soll.

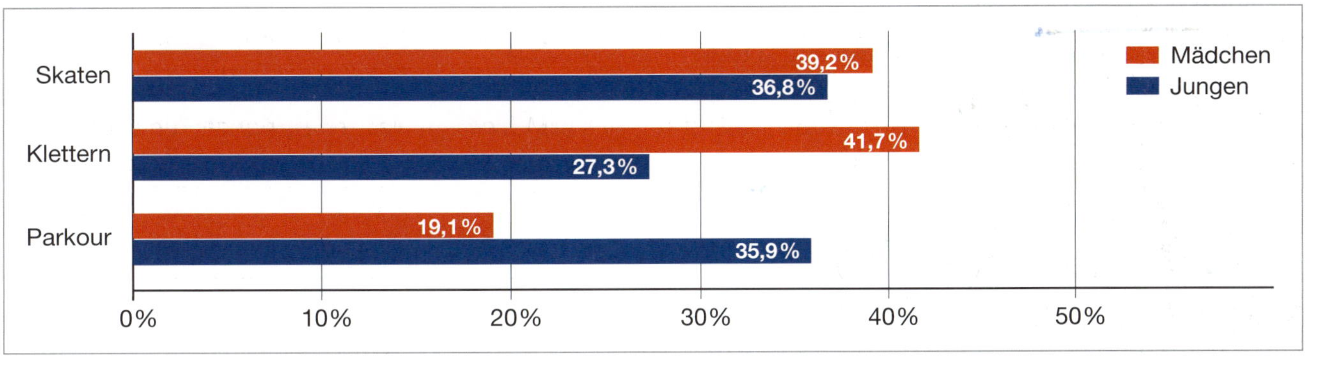

b **Werte die Informationen des Diagramms aus und beantworte die folgenden Fragen stichwortartig.**

A Bei wem ist Klettern am beliebtesten? ______
B Wo gibt es den größten Unterschied zwischen Jungen und Mädchen? ______

c **Für welche Trendsport-AG wird sich die Schule wohl entscheiden? Begründe.**

______

______

4 ●●● **Die beiden Grafiken und die Tabelle ergänzen Informationen zum Sachtext „Neue Sportart Parkour" (S. 24–25). Trage ein, welche Textstellen sie durch welche Informationen ergänzen.**

Grafik 1 und die Tabelle ergänzen die Textstelle Z. 56 bis Z. 65, weil ______

______

Grafik 2 ergänzt die Textstelle Z. ____ bis Z. ____, aber auch Z. ____ bis Z. ____ und Z. ____ weil, ______

______

Das Balkendiagramm ergänzt die Textstelle Z. ____ bis Z. ____, weil ______

______.

Eine Inhaltsangabe schreiben

Information **Die Kalendergeschichte**

Eine Kalendergeschichte ist eine **kurze Geschichte, die unterhalten und belehren soll** und **meist** mit einer **Pointe (überraschenden Wendung)** endet. Bis ins 19. Jahrhundert wurden solche Geschichten in Jahreskalendern abgedruckt. Der bekannteste Autor von Kalendergeschichten ist Johann Peter Hebel (1760–1826).

1 **Lies die folgende Kalendergeschichte.**

Johann Peter Hebel

Der silberne Löffel (1810)

In Wien dachte ein Offizier: „Ich will doch auch einmal im ‚Roten Ochsen' zu Mittag essen", und geht in den „Roten Ochsen". Da waren bekannte und unbekannte Menschen, Vornehme und Mittelmäßige, ehrliche Leute und Spitzbuben[1], wie überall. Man aß und trank, der eine viel, der andere wenig.

Als das Essen fast vorbei war, einer und der andere trank noch eine halbe Maß Ungarwein zum Zuspitzen[2], ein anderer drehte Küglein aus weichem Brot, als wenn er ein Apotheker wär, und wollte Pillen machen, ein Dritter spielte mit dem Messer oder mit der Gabel oder mit dem silbernen Löffel – da sah der Offizier von ungefähr zu, wie einer, in einem grünen Rocke, mit dem silbernen Löffel spielte, und wie ihm der Löffel auf einmal in den Rockärmel hineinschlüpfte und nicht wieder herauskam.

Ein anderer hätte gedacht: „Was geht's mich an?" und wäre still dazu gewesen oder hätte großen Lärm angefangen. Der Offizier dachte: Ich weiß nicht, wer der grüne Löffelschütz[3] ist und was es für einen Verdruss[4] geben kann, und war mausstill, bis der Wirt kam und das Geld einzog. Als der Wirt kam und das Geld einzog, nahm der Offizier auch einen silbernen Löffel und steckte ihn zwischen zwei Knopflöcher im Rocke, zu einem hinein, zum andern hinaus, wie es manchmal die Soldaten im Kriege machen, wenn sie den Löffel mitbringen, aber keine Suppe.

Währenddem der Offizier seine Zeche[5] bezahlte, und der Wirt schaute ihm auf den Rock, dachte er: „Das ist ein kurioser[6] Verdienstorden, den der Herr da anhängen hat. Der muss sich im Kampf mit einer Krebssuppe hervorgetan haben, dass er zum Ehrenzeichen einen silbernen Löffel bekommen hat, oder ist's gar einer von meinen eigenen?" Als aber der Offizier dem Wirt die Zeche bezahlt hatte, sagte er mit ernsthafter Miene: „Und der Löffel geht ja drein[7]. Nicht wahr? Die Zeche ist teuer genug dazu." Der Wirt sagte: „So etwas ist mir noch nicht vorgekommen. Wenn Ihr keinen Löffel daheim habt, so will ich Euch einen Patentlöffel[8] schenken, aber meinen silbernen lasst mir da."

Da stand der Offizier auf, klopfte dem Wirt auf die Achsel und lächelte. „Wir haben nur Spaß gemacht", sagte er, „ich und der Herr dort im grünen Rocke. Gebt Ihr Euern Löffel wieder aus dem Ärmel heraus, grüner Herr, so will ich meinen auch wieder hergeben."

Als der Löffelschütz merkte, dass er verraten sei und dass ein ehrliches Auge auf seine unehrliche Hand gesehen hatte, dachte er: *Lieber Spaß als Ernst,* und gab seinen Löffel ebenfalls her. Also kam der Wirt wieder zu seinem Eigentum, und der Löffeldieb lachte auch – aber nicht lange. Denn als die anderen Gäste das sahen, jagten sie den verratenen Dieb mit Schimpf und Schande und ein paar Tritten unter der Tür zum Tempel hinaus, und der Wirt schickte ihm den Hausknecht mit einer Handvoll ungebrannter Asche nach. Den wackeren[9] Offizier aber bewirtete er noch mit einer Bouteille voll Ungarwein auf das Wohlsein aller ehrlichen Leute.

Merke: Man muss keine silbernen Löffel stehlen.
Merke: Das Recht findet seinen Knecht.

1 Spitzbube: Dieb
2 zuspitzen: die Mahlzeit abschließen
3 Löffelschütz: Löffeldieb
4 Verdruss: Ärger
5 Zeche: Rechnung
6 kurios: sonderbar, eigenartig
7 dreingehen: enthalten sein
8 Patentlöffel, hier: einfacher Löffel
9 wacker: rechtschaffen, ehrlich, tüchtig

Information **Schreibplan für eine Inhaltsangabe**

Eine Inhaltsangabe fasst mit eigenen Worten einen Text knapp und sachlich zusammen, sodass andere, die den Text nicht gelesen haben, über das Wesentliche informiert werden.

Aufbau:

- In der **Einleitung** nennst du die Art des Textes (z. B. Kalendergeschichte), den Titel, den Namen des Autors/der Autorin und das Thema des Textes.
- Im **Hauptteil** fasst du die wichtigsten Ereignisse der Handlung (Handlungsschritte) in der zeitlich richtigen Reihenfolge zusammen. Beschränke dich auf das Wesentliche und verzichte auf Einzelheiten. Gib bei Kalendergeschichten die Lehre des Textes mit eigenen Worten wieder.

2 **Notiere deinen ersten Leseeindruck.**

____

____

Die **W-Fragen** helfen dir, die wesentlichen Informationen herauszufinden. Beachte: Nicht immer gibt ein Text auf alle W-Fragen eine Antwort.

3 **a** **Unterstreiche im Text auf Seite 30 Stellen, die die folgenden W-Fragen beantworten.**
b **Beantworte diese W-Fragen in vollständigen Sätzen.**

Wo spielt die Geschichte? ____

____

____

Wann spielt die Geschichte? ____

____

Wann? Kalendergeschichten geben selten genaue Zeitangaben. Ein Hinweis kann jedoch das Erscheinungsdatum sein.

Wer ist am Geschehen beteiligt? ____

____

____

____

4 **Gehe schrittweise vor, um die Fragen „Was geschieht?“ und „Warum?“ zu beantworten:**
a **Gliedere den Text in Handlungsschritte, indem du das Absatzzeichen ⌊ einträgst.**
b **Fasse für jeden Handlungsschritt die wesentlichen Ereignisse zusammen. Gib die Zeilen an.**

Handlungsschritt 1 (Z.1-6): Offizier geht ...

Handlungsschritt 2 (Z.7-):

5 **Die Kalendergeschichte enthält das Sprichwort „Das Recht findet seinen Knecht.“**
Kreuze den Satz an, der die Bedeutung des Sprichwortes richtig wiedergibt.

Kalendergeschichten enthalten eine **Lehre**, die das Thema der Geschichte angibt und manchmal in einem Sprichwort zum Ausdruck gebracht wird.

A ☐ Es gibt immer einen Knecht, der Recht hat.

B ☐ Es gibt immer jemanden, der es nicht ehrlich meint.

C ☐ Es gibt immer jemanden, der der Gerechtigkeit zum Sieg verhilft.

D ☐ Es gibt immer ein Recht, das Knechte nicht mögen.

6 **Lies die beiden folgenden Einleitungssätze.**
Kreuze den Einleitungssatz an, der gelungen ist, und begründe, warum.

A ☐ *Jn der Erzählung von Hebel geht es um einen Offizier, der in einem Gasthaus zu Mittag isst und dort einen Betrug beobachtet.*

B ☐ *Jn der Kalendergeschichte „Der silberne Löffel“ von Johann Peter Hebel, erschienen 1810, geht es um einen einfallsreichen Offizier, der sich durch sein mutiges Verhalten für die Gerechtigkeit einsetzt.*

Begründung: *Der Einleitungssatz ist gelungen, weil*

Information **Die Inhaltsangabe sprachlich gestalten**

- Schreibe **sachlich und nüchtern**, vermeide ausschmückende Formulierungen.
- Formuliere **in eigenen Worten** und übernimm keine Passagen aus dem Originaltext.
- Mache die Zusammenhänge der Handlung (z. B. zeitliche Zusammenhänge) durch passende **Satzverknüpfungen** und **Satzanfänge** deutlich, z. B.: *als, denn, weil, nachdem, zuerst …*
- Schreibe im **Präsens**, bei Vorzeitigkeit im Perfekt.
- Verwende **keine wörtliche Rede.** Besonders wichtige Äußerungen von Figuren werden in der indirekten Rede (▶ S. 49) wiedergegeben oder umschrieben.

7 **Der folgende Textauszug leitet den Hauptteil einer Inhaltsangabe ein. Streiche alle Formulierungen durch, die zu ausführlich und nicht sachlich sind.**

Die Geschichte spielt Anfang des 19. Jahrhunderts in Wien. Ein Offizier verspürt eines Tages ordentlichen Hunger und überlegt sich, doch einmal im Gasthaus „Roter Ochse" einzukehren. Dort trifft er – wie man nicht anders erwarten kann – auf allerlei verschiedene Menschen, der eine trinkt viel Wein, der andere matscht mit Brot herum und jemand spielt mit einem silbernen Löffel. Seine Mahlzeit endet, plötzlich beobachtet er einen unsympathischen Gast in einer grünen Jacke, der einen silbernen Löffel stiehlt.

8 **Gib die folgenden Textpassagen möglichst knapp und treffend in der indirekten Rede wieder (▶ S. 49).**

A Der Offizier dachte: „Ich weiß nicht, wer der grüne Löffelschütz ist und was es für einen Verdruss geben kann." (Z. 19–21)

Der Offizier ist nicht sicher, wer ______________________

____

____

B Als aber der Offizier dem Wirt die Zeche bezahlt hatte, sagte er mit ernsthafter Miene: „Und der Löffel geht ja drein. Nicht wahr? Die Zeche ist teuer genug dazu." (Z. 34–37)

____

____

____

C „Wir haben nur Spaß gemacht", sagte er [der Offizier], „ich und der Herr dort in dem grünen Rocke. Gebt Ihr Euren Löffel wieder aus dem Ärmel heraus, grüner Herr, so will ich meinen auch wieder hergeben." (Z. 43–47)

____

____

____

9 **Schreibe zur Kalendergeschichte „Der silberne Löffel" von Johann Peter Hebel eine vollständige Inhaltsangabe in dein Heft. Nutze dazu deine Vorarbeiten auf den Seiten 30 bis 33.**

Eine Ballade gestaltend vortragen

Information Die Ballade

Die Ballade ist meist ein **längeres Gedicht** über ein **ungewöhnliches oder spannendes Ereignis.** Im Mittelpunkt der Ballade steht oft eine Figur, die eine besondere Situation meistern muss.

- Viele Balladen haben einen **Aufbau**, den man mit Hilfe einer **Spannungskurve** darstellen kann: Nach der Einleitung spitzt sich die Handlung dramatisch bis zum Höhepunkt zu, zum Schluss folgt die Auflösung.
- Balladen enthalten oft **wörtliche Rede** der Figuren (Monologe, Dialoge), die an ein Theaterstück erinnern.
- In ihrer **Wirkung** setzen Balladen auf Spannung, sie können aber auch belehrend oder lustig sein.

1 Lies die folgende Ballade von Hans Scheibner.

Hans Scheibner

Der Maulwurf muss weg!

I

Herr Kremer sah zum Fenster raus
aus seinem eignen Eigenhaus.
Und wohlgefällig ruht sein Blick
auf seines Rasens Musterstück.
So frisch gemäht, so ordentlich,
so grün, ach, man beschreibt es nicht!
Da plötzlich! Nein, das darf nicht sein!
„He, Klara!“ Klara stürzt herein.
„Nun sieh doch mal, o Gott, o Schreck!“
Der Maulwurf muss weg!

II

Herr Kremer auf den Rasen lief
zum Maulwurfshügel. Und er rief:
„Du Kreatur! Du frecher Hund!
Du Wühler in dem Untergrund!
Du wagst es, diesen Rasen hier,
das Meisterwerk, die Gartenzier
zu schänden! Hiermit sag ich dir
zum letzten Mal: Verschwinde hier!
Komm raus, komm raus aus dem Versteck!“
Der Maulwurf muss weg!

III

Die ganze Nacht Herr Kremer stand
mit seinem Spaten in der Hand.
Wo sich was rührt im Mondenschein,
da rief er „Ha!“ und stieß hinein.
„Verflucht! Wer meine Ordnung stört,
ist diese heile Welt nicht wert!“
Doch morgens – weh! Was ist geschehn?
Zwei neue Hügel muss er sehn!
„Mein Heiligtum! Mein Lebenszweck!“
Der Maulwurf muss weg!

IV

Herr Kremer schwor und lief herum:
„Ich bring dich um! Ich bring dich um!“
Ließ Wasser aus dem Gartenschlauch
ins Erdreich ein, kroch auf dem Bauch.
Pumpt Auspuffgase in den Bau.
Im Töten ist Herr Kremer schlau.
Doch da! Im Morgensonnenschein:
Drei neue Hügel! „Nein! Nein! Nein!
Du Teufel, du! Verreck! Verreck!“
Der Maulwurf muss weg!

V

„Dass einer Recht und Sauberkeit
frech zu missachten sich nicht scheut!“
Herr Kremer rief: „Ich kriege ihn!“
Goss auf den Rasen das Benzin.
Die Flammen schlugen hoch hinauf.
Sogar bis zu dem Dachstuhl rauf.
Das ganze Haus ist abgebrannt.
Herr Kremer in der Asche stand,
Herr Kremer tanzte froh und keck:
Der Maulwurf ist weg!

Methode **Eine Ballade für den Vortrag vorbereiten**

Die besonderen Merkmale der Ballade können für einen **wirkungsvollen Vortrag** genutzt werden:

- Mache dir klar, wie sich die Spannungskurve der Ballade entwickelt, und steigere bei deinem Vortrag die Spannung entsprechend, z. B. durch **Pausen, Lautstärke, Sprechgeschwindigkeit.**
- Hebe die **wörtliche Rede** in der Ballade durch eine jeweils eigene Sprechweise der Figur hervor. Überlege dir dazu, welche Sprechweise zu der Figur in der Situation passt.
- Erprobe Vortragsweisen, die die **Wirkung unterstützen** (z. B. spannend, lustig oder belehrend).

2 **Fasse in wenigen Sätzen zusammen, was in der Ballade auf Seite 34 erzählt wird. Schreibe in dein Heft.**

3 **Welche Wirkungen hat die Ballade „Der Maulwurf muss weg!"?**

a **Ordne jeder möglichen Wirkung (links) durch einen Pfeil die passende Begründung (rechts) zu.**

b **Überlege, welche Wirkung du besonders betonen möchtest: Kreuze an.**

Die Ballade ist ...

A spannend, ...

B belehrend, ...

C lustig, ...

a weil das Beispiel des Herrn Kremer zeigt, dass man sich mit übertriebenen Reaktionen lächerlich machen und selbst schaden kann. ☐

b weil Herr Kremer so übertrieben handelt und redet und seine Übertreibungen immer weiter steigert. ☐

c weil man gespannt ist, ob bzw. wie es Herrn Kremer gelingt, den Maulwurf für immer zu vertreiben. ☐

4 **Bereite die Ballade für den Vortrag vor:**

a **Gib mit einem Wort wieder, welcher Typ Mensch die Figur „Herr Kremer" ist.**

____

b **Markiere in allen Strophen die wörtliche Rede.**

c **Überlege und notiere: Wie erreichst du, dass die Zuhörenden sich Herrn Kremer gut vorstellen können?**

____

Wie kannst du die besonders lustigen Stellen hervorheben?

____

d **Lege Gesten oder Gesichtsausdrücke (Mimik) fest, die die wörtliche Rede unterstreichen, z. B. die Hände erschrocken vors Gesicht schlagen oder mit den Fäusten drohen.**

Betonungszeichen

◀ (lauter)	▶ (leiser)
‖ (lange Pause)	| (kurze Pause)
→ (schneller)	← (langsamer)
— (Betonung)	↲ (Zeilensprung)

5 **a** **Probiere aus, wie du in deinem Vortrag die Spannung von Strophe zu Strophe steigern kannst. Notiere auch dazu Betonungszeichen im oder neben dem Text auf Seite 34.**

b **Überlege dir für die Auflösung am Schluss eine besonders wirkungsvolle Vortragsweise.**

c **Wähle eine/n Lernpartner/in und trage ihr/ihm die Ballade vor.**

6 **Lerne die Ballade auswendig und trage sie jemandem vor: Bitte um eine Rückmeldung (Feedback).**

Was kannst du schon? – Grammatik

1 **Bestimme die Wortarten in den folgenden Sätzen:**
Trage über jedem Wort die richtige Ziffer ein. (je Satz 1 Punkt = 2 Punkte insgesamt)

Nomen: 1 Artikel: 2 Adjektiv: 3 Verb: 4 Präposition: 5 Personalpronomen: 6
Possessivpronomen: 7 Demonstrativpronomen: 8 Adverb: 9

A Unser Klassenausflug in den Freizeitpark hat großen Spaß gemacht.

B Dieses Erlebnis werde ich immer in Erinnerung behalten.

2 **Bilde mit Suffixen aus den beiden Adjektiven je ein Nomen und aus den beiden Nomen je ein Adjektiv. Schreibe die Wörter auf. (4 Punkte)**

dunkel: ____________ spannend: ____________

Wunder: ____________ Angst: ____________

3 **Bilde die Tempusformen zu den beiden Verben in der 3. Person Singular. (8 Punkte)**

	Plusquamperfekt	Präteritum	Perfekt	Futur
A spielen:	er ________	________	________	________
B fahren:	er ________	________	________	________

4 **Bilde aus dem Verb „fallen" mit Präfixen vier neue Verben und schreibe sie in Infinitiv und in der 3. Person Singular Präteritum auf. (8 Punkte)**

____

____

____

____

5 **Kreuze für jeden der folgenden Sätze an, ob er im Aktiv oder im Passiv steht. (4 Punkte)**

	Aktiv	Passiv
A Die Fahrt mit der unterirdischen Geisterbahn ist besonders spannend und gruselig.	☐	☐
B Die Fahrgäste werden in Gondeln durch die Welt der chinesischen Sagenwelt gefahren.	☐	☐
C Dabei werden sie von verschiedenen chinesischen Geistergestalten erschreckt	☐	☐
D Außerdem können sie einen Kampf mit einem chinesischen Drachen beobachten.	☐	☐

6 **a** **Trenne in den folgenden Sätzen die Satzglieder durch einen senkrechten Strich | ab.**
b **Schreibe jeweils die Bezeichnung für jedes Satzglied unter den Satz. (je Satz 1 Punkt = 3 Punkte)**

A Achterbahnen gehören in Freizeitparks zu den beliebtesten Attraktionen.

____

B Sehr hohe oder schnelle Bahnen bereiten den Fahrgästen meistens besonders großen Spaß.

____

C Wegen der vielen Loopings leiden manche Fahrgäste nach der Fahrt unter Schwindelgefühlen.

____

7 **a** **Unterstreiche in den Sätzen die Attribute und zeichne für jedes Attribut einen Pfeil zum Bezugswort.**
b **Notiere neben jedem Satz, welche Arten von Attributen er enthält. (4 Punkte)**

A Eine besondere Achterbahn, die Kingda Ka, wurde 2005 gebaut. ______________

B Es handelt sich um die schnellste Achterbahn der Welt. ______________

C Sie steht im neuesten Freizeitpark von New Jersey. ______________

D Der beliebte Park heißt *Six Flags Great Adventure*. ______________

8 **Verbinde die folgenden Sätze links mit dem dazu passenden Satzbauplan rechts.**
Markiere die Satzgefüge grün und die Satzreihen blau. (4 Punkte)

A Wenn man sich von den vielen Fahrten mit Geister- und Achterbahnen erholen möchte, besucht man am besten eine Artistik-Show.	a – Hs –, – Ns –.
B Die Artisten führen spektakuläre Kunststücke auf, sie beeindrucken die Zuschauer mit sensationellen Tricks.	b – Ns –, – Hs –.
C Bei den gefährlichen Trapeznummern bleibt den Zuschauern, obwohl die Künstler mit Seilen gesichert sind, der Atem weg.	c – Hs –, – Ns –, – Hs –.
D Besonders aufregend ist der Feuer-Tanz, weil die brennenden Fackeln die Körper der Artisten hautnah umkreisen.	d – Hs –,– Hs –.

9 **Formuliere den folgenden Satz in ein Satzgefüge mit einem Adverbialsatz um. (1 Punkt)**

Wegen des beeindruckenden Feuer-Tanzes hat mir die Show großen Spaß gemacht.

____

10 **a** **Überprüfe deine Lösungen mit Hilfe des Lösungsheftes. Für jede richtige Antwort bekommst du einen Punkt.**
b **Trage ein, wie du die Aufgaben bewältigt hast: ✔ = das Meiste richtig ? = noch etwas unsicher**

Aufgabe	1 ☐	2 ☐	3 ☐	4 ☐	5 ☐	6 ☐	7 ☐	8 ☐	9 ☐
Weitere Übungen	Seite 38–41	Seite 38–41	Seite 41–43	Seite 41–43	Seite 44–47	Seite 54–55	Seite 58–59	Seite 62–63	Seite 66–69

Wortarten

Wortarten sicher unterscheiden

Information **Wortarten**

Wichtig zur Unterscheidung von Wortarten ist die **Beugung** (Deklination oder Konjugation):
- **Konjugieren** kannst du nur Verben (Person, Anzahl, Zeitform, Aktiv – Passiv, Indikativ – Konjunktiv).
- **Deklinieren** kannst du Nomen, Artikel, fast alle Pronomen und Adjektive (Genus, Numerus, Kasus).
- **Nicht beugen** lassen sich Adverbien, Präpositionen und Konjunktionen.

1 **Trage die Fachbegriffe für die Wortarten an der richtigen Stelle ein.**
Tipp: Prüfe für die Zuordnung, ob und auf welche Weise du die Wortart beugen kannst.

Verb | Artikel | Pronomen | Konjunktion | Adjektiv | Nomen | Adverb | Präposition

Personalpronomen *ich, du, er/sie/es, wir, ihr, sie*

Possessivpronomen *mein, dein, unser, euer …*

Demonstrativpronomen *dieser, jener, der, das …*

Indefinitpronomen *kein, jemand, etwas, alle …*

bestimmt *der, die, das …*

unbestimmt *ein, eine, eines …*

Steigerung
Positiv (Grundform): *hoch*
Komparativ (1. Steigerungsstufe): *höher*
Superlativ (2. Steigerungsstufe): *am höchsten*

A ____________________
(auch: Hauptwort)
Jongleur, Bühne, Clown

B ____________________
(Stellvertreter/Fürwort)

C ____________________
(Begleiter)

D ____________________
(Eigenschaftswort)
bunt, gelenkig, freundlich, musikalisch

E ____________________
(Tätigkeitswort)
werfen, schwingen, staunen

- **Imperativ**
- **Personalendung** (Person, Anzahl)
- **Zeitform** (Tempus)
  - **Futur**
  - **Präsens**
  - **Perfekt**
  - **Präteritum**
  - **Plusquamperfekt**
- **Aktiv – Passiv**
- **Indikativ – Konjunktiv**

F ____________________
(Bindewort)
und, denn, weil, als, dass …

G ____________________
(Umstandswort)
abends, dort, bald, paarweise …

H ____________________
(Verhältniswort)
auf, an, mit, in, unter …

Wiederholung: Die Pronomen

Information **Pronomen**

- **Personalpronomen** *(ich, du, er/sie/es, wir, ihr, sie)* können im Satz Nomen vertreten, z. B.: *Obelix liebt Zaubertrank, obwohl er ihn nicht benötigt.*
  Personalpronomen werden wie Nomen dekliniert (gebeugt).
- **Possessivpronomen** *(mein/meine, dein/deine, sein/seine, ihr/ihre, unser/unsere, euer/eure, ihr/ihre)* geben an, zu wem etwas gehört. Sie begleiten meist Nomen und stehen im gleichen Kasus wie ihr Bezugswort, z. B.: *Miraculix gibt Obelix seinen Zaubertrank nicht.* (Wen? Was?)
- **Demonstrativpronomen** *(der/die/das, dieser/diese/dieses, jener/jene/jenes, solcher/solche/solches, derselbe/dieselbe/dasselbe)* weisen besonders deutlich auf eine Person oder Sache hin, z. B.: *Dieser Zaubertrank ist etwas Besonderes!*
  Sie können Begleiter eines Nomen sein oder ein Nomen vertreten.

1 **a** **Unterstreiche im Text alle sechs Personalpronomen blau und alle sieben Possessivpronomen grün.**
b **Umkreise im ersten Absatz das Nomen, das danach durch die Personalpronomen vertreten wird.**

Miraculix – Der berühmte Druide aus Gallien

Miraculix ist der Druide des Dorfes, in dem Asterix und Obelix leben. Als Ausdruck seiner Weisheit trägt er einen langen weißen Bart, den er im Laufe der Zeit immer länger wachsen lässt. Seine Kleidung besteht aus einem weißen Gewand und einem roten Umhang, an seinen Füßen trägt er blaue Schuhe.

Seinem Häuptling Majestix gegenüber ist Miraculix sehr loyal, obwohl er klüger ist als Majestix. Bei den Dorfbewohnern genießt Miraculix ein höheres Ansehen als sein Häuptling. Sie bewundern ihn wegen seiner Klugheit und seines Wissens.

2 **a** **Markiere die Wortgruppen, auf die sich die drei fett gedruckten Demonstrativpronomen beziehen.**
b **Unterstreiche im Text die fünf weiteren Demonstrativpronomen.**

Miraculix schneidet mit seiner goldenen Sichel Misteln. Aus diesen Pflanzen und aus anderen geheimen Zutaten braut er einen Zaubertrank. **Der** verleiht den Dorfbewohnern übermenschliche Kräfte. Mit denen können diese sich gegen ihre gefährlichsten Gegner, die Römer, behaupten und jene vernichtend schlagen. Der Druide besitzt aber noch weitere Zaubermittel. Zu **diesen** gehört z. B. ein stark wirkendes Haarwuchsmittel oder eine Flüssigkeit, die aus Eicheln sekundenschnell Bäume wachsen lässt. Mit solchen Gebräuen macht er den Römern das Leben schwer. Bei den Jahrestreffen der Druiden, wo **derjenige** einen Preis bekommt, der am besten zaubern kann, geht Miraculix regelmäßig als Sieger heim.

3 **Schreibe den Text ab und ersetze jedes Fragezeichen durch ein Demonstrativpronomen.**
●●● **Tipp: Verwende mindestens zwei verschiedene Pronomen und achte auf den richtigen Kasus.**

Miraculix erklärt: „Wenn ich ? Mistelzweig mit ? geheimen Kraut, ? speziellen Pflanzen und ? seltenen Wurzel mische, erhalte ich meinen Zaubertrank. ? darf aber nicht Obelix in die Hände geraten, weil ? als kleines Kind in den Zaubertrank gefallen ist.“

Wiederholung: Das Adverb

Information **Das Adverb** (Umstandswort; Plural: die Adverbien)

Adverbien machen **nähere Angaben zu einem Geschehen**. Sie erklären genau,
- **wo** etwas passiert (Ort), z. B.: *dort, rechts, bergab, oben, unten,*
- **wann** etwas geschieht (Zeit), z. B.: *gestern, heute, morgen, danach, stets,*
- **wie** etwas stattfindet (Art und Weise), z. B.: *gern, sehr, irgendwie, einigermaßen, glücklicherweise,*
- **weshalb** etwas eintritt (Grund), z. B.: *deshalb, daher, darum.*

Adverbien werden **kleingeschrieben** und (im Gegensatz zum Adjektiv) **nicht gebeugt** (▶ S. 38).

1 **Markiere im folgenden Text Adverbien des Ortes orange, der Zeit grün, der Art und Weise gelb und des Grundes blau.**

Der Zauberer Gandalf

Der Zauberer Gandalf ist eine wichtige Figur in den Romanen „Der kleine Hobbit“ und „Der Herr der Ringe“ von J. R. R. Tolkien. Anfangs trägt er einen langen Bart und graue Haare, die später weiß sind. Er führt stets einen Zauberstab bei sich, der überraschenderweise wie ein ganz normaler Wanderstab wirkt. Er besitzt zusätzlich das berühmte Schwert Glamdring. Sein Pferd Schattenfell trägt den Zauberer ohne Zaumzeug und Sattel jederzeit überall hin. Darum ist Schattenfell sein wichtigster Begleiter. Gandalf nimmt manchmal abends an den Festen der Hobbits teil. Dort inszeniert er spektakuläre Feuerwerke. Deswegen laden die Hobbits ihn immer gern ein.

2 ●●● **Fülle mit Hilfe der Adverbien aus dem Wortspeicher die Lücken im folgenden Text.**

irgendwann • sehr • allerdings • darum • dort • dabei • bald
unversehens • keinesfalls • glücklicherweise

Gandalf und der Hobbit Bilbo Beutlin begeben sich mit 13 Zwergen auf eine abenteuerliche Reise. __________ wollen sie gestohlenes Zwergengold finden. __________ trifft Bilbo auf den finsteren Gollum, den er __________ bei einem Rätselspiel besiegt. __________ fällt ihm Gollums Schatz, der Ring der Macht, in die Hände. Dieser Ring macht unsichtbar und hilft ihm __________ beim Kampf gegen den bösen Drachen, der das Zwergengold bewacht.

__________ gibt Bilbo den Ring an Frodo weiter. __________ erkennt Gandalf, dass es sich bei dem Ring um den Ring Saurons handelt, den sie __________ behalten sollten. __________ macht er sich gemeinsam mit Frodo und seinen Gefährten auf den Weg, um den Ring nach Mordor zu tragen und ihn __________ zu zerstören, bevor er Unheil anrichtet.

Das Verb – Die Tempora (Zeitformen)

Das Präsens und das Futur

Information **Die Zeitform Präsens**

Das **Präsens** wird verwendet, ...

1 wenn etwas **in der Gegenwart** geschieht, z. B.: *Shaolin-Mönch Guanjun Zhang macht Qigong-Übungen.*

2 wenn **eine Aussage immer gilt**, z. B.: *Qigong erfordert vollkommene Körperbeherrschung.*

3 Um **Zukünftiges** ausdrücken. Meist verwendet man dann eine Zeitangabe, die auf die Zukunft verweist (z. B. *morgen, nächste Woche*): *In den nächsten Tagen interviewe ich Guanjun Zhang.*

1 **a** **Unterstreiche im folgenden Text die Verben im Präsens.**
b **Notiere für jeden Satz: 1 = Gegenwart, 2 = allgemeingültige Aussage, 3 = Zukünftiges.**

Ein Wunder an Körperbeherrschung

Von Sebastian Flick

Bonn. A Hochkonzentriert steht Guanjun Zhang mit einer gewöhnlichen Nadel in der Hand am Bühnenrand. B Nach einigen Meditationsübungen ist der Shaolin-Mönch so weit. C Er wirft die Nadel mit einer derartigen Wucht, dass diese eine Glasscheibe durchschlägt und einen Luftballon, der sich hinter der Scheibe befindet, zum Platzen bringt. D Das Publikum jubelt. E In der Kung Fu Show „Die Rückkehr der Shaolin-Mönche" zeigen 18 Spitzensportler auf der Bühne Außergewöhnliches. F Shaolin ist der Name eines buddhistischen Mönchsordens in China. G Die Mönche betreiben einen kunstvollen Kampfsport zur Selbstverteidigung, bei dem sie Stöcke, Speere, Schwerter und Säbel einsetzen. H „Man konzentriert die Kraft auf einen Punkt im Körper", I erklärt Zhang mir im Interview. J Morgen tritt er wieder in einer der 75 Shows auf, die die Shaolin-Mönche in diesem Jahr noch in Deutschland zeigen.

Bonner General Anzeiger, 27. 02. 2012

A: ______________________________

Information **Die Zeitform Futur**

Die Zeitform **Futur** (Personalform von „werden" und der Infinitiv des Verbs) drückt ein **zukünftiges Geschehen** aus, z. B.: *Es wird weiterhin beeindruckende Aufführungen der Shaolin-Mönche geben.*

2 **Vervollständige die Fragen für das Interview mit Guanjun Zhang.**
Setze die Verben zurückkehren, mitnehmen und auftreten in der Zeitform Futur ein.

A In welchen Ländern ______________ Sie noch ______________________?

B Wann ______________ Sie wieder in Ihr Shaolin-Kloster ______________________?

C Welche Eindrücke ______________ Sie von Deutschland ______________________?

Das Perfekt

Information **Die Zeitform Perfekt**

Wenn man **mündlich von etwas Vergangenem** berichtet, verwendet man häufig das **Perfekt**, z. B.:
Ich habe Bauklötze gestaunt. Ich bin neugierig gewesen.
Es ist eine **zusammengesetzte Zeitform**, die mit einer Personalform von **„haben"** oder **„sein"** im Präsens (z. B. *habe, bin*) und dem **Partizip II des Verbs** (z. B. *suchen → gesucht, denken → gedacht*) gebildet wird.

3 **Max lebt mit seinen Eltern in Shanghai. Seine Großmutter fragt häufig nach Neuigkeiten. Lies ihre Fragen und unterstreiche darin die Perfektformen. Beachte: Sie sind immer zweiteilig.**

A Hallo Max! Wie ist es dir in der letzten Woche ergangen?

B Du wirkst mager. Bist du nicht immer satt geworden?

C Erzähle, hast du etwas Spannendes erlebt?

D Hast du dich bei deinem Ausflug gestern nicht verlaufen?

E Sind die Lehrer diesmal netter zu dir gewesen?

4 **Max antwortet. Setze die Infinitive in Rahmen im Perfekt ein.**

Großmutter, alles bestens! Stell dir vor, ich ________ gestern das chinesische Neujahrsfest ________ [besuchen]. Wir ________ alle bei den Xuns ________ [sein]. Die ________ vorher das Haus gründlich ________ [putzen], damit an den Festtagen alles sauber ist. Vater Xun ________ ein Bild des Küchengotts ________ [verbrennen]. Der soll nun zum Himmel aufsteigen, um dort über die Familie zu berichten. Damit er nicht zu viel Schlechtes erzählt, ________ Mutter Xun süßen Kuchen ________ [backen] und ihm damit den Mund ________ [verschließen]. Wir ________ zusammen ein leckeres Fischgericht ________ [essen]. Fisch steht für Reichtum im neuen Jahr. Nach dem Essen ________ wir alle rote Kuverts mit etwas Geld ________ [bekommen]. Anschließend ________ wir mit Xuns nach draußen ________ [gehen], um Böller und Knallkörper zu zünden. Mit dem Lärm ________ wir den bösen Geistern Angst ________ [machen] und sie ________ [vertreiben]. Da war echt cool! Tschüss, Großmutter!

5 ●●● **Markiere nur die Sätze bzw. die Teilsätze, die im Perfekt stehen.**

Max hört seine Mutter rufen: „Max, du hast doch gestern gesagt, dass du die Glasnudeln besorgst, hast du jetzt Zeit?" Er antwortet: „Ich habe das Gespräch mit Großmutter schon beendet, ich schaue noch schnell Fotos am PC vom Neujahrsfest an. Wenn ich die zehn lustigsten Fotos ausgewählt habe, maile ich sie noch an meine deutschen Freunde. Tim hat mir letztens Fotos von seinem Geburtstag geschickt. Ich habe mich noch gar nicht dafür bedankt, das will ich auch noch machen. Und dann gehe ich einkaufen."

Das Präteritum und das Plusquamperfekt

Information **Die Zeitform Präteritum**

Das **Präteritum** ist eine einfache **Zeitform der Vergangenheit**, z. B.: Der *Magier zeigte gestern seine Show.*
- Bei den **regelmäßigen** (schwachen) Verben ändert sich im Präteritum der Vokal im Verbstamm nicht, z. B.: *Das Publikum staunt.* (Präsens) → *Das Publikum staunte.* (Präteritum)
- Bei den **unregelmäßigen** (starken) Verben ändert sich im Präteritum der Vokal im Verbstamm, z. B.: *Seine Tricks bringen ihm Ruhm ein.* (Präsens) → *Seine Tricks brachten ihm Ruhm ein.* (Präteritum)

6 **Markiere im folgenden Text die Verbformen, die im Präteritum stehen.**

Der Mann, der Amerika verzauberte

Er befreite sich aus vernagelten Kisten, schluckte Nadeln, ließ 1918 mitten auf dem Times Square einen lebenden Elefanten spurlos verschwinden und behauptete, sich aus jeder Fessel befreien zu können. Seine Tricks machten Harry Houdini zum ersten Superstar Amerikas. Schon damals galt seine Selbstbefreiung aus einer Zwangsjacke, während er kopfüber an einem Kran hing, als spektakulär. Zehntausende Zuschauer kamen und sahen, wie sich Houdini in weniger als fünf Minuten entfesselte. „Das Publikum schrie und jubelte", schrieb damals ein Reporter der Washington Times.

7 **Übertrage die nachfolgende Tabelle in dein Heft. Trage dort die Verbformen im Präteritum ein, die du im Text von Aufgabe 6 unterstrichen hast: Bilde zu jedem Verb den dazugehörigen Infinitiv.**

regelmäßige (schwache) Verben	unregelmäßige (starke) Verben
verzauberte – verzaubern	…

8 ●●● **Stell dir vor, Houdini will seine Autobiografie schreiben. Unterstütze ihn dabei: Setze den folgenden Textauszug ins Präteritum und schreibe ihn in dein Heft. Achtung: Schreibe in der Ich-Form und achte auf passende Pronomen.**

Mit 17 beschließt Houdini, Zauberkünstler zu werden. Er trainiert seinen Körper, lernt Münzen- und Kartentricks und übt in der Badewanne das Luftanhalten. Nach einigen kleinen Auftritten gelingt ihm 1899 der Durchbruch: Als „König der Handschellen" stürzt er sich gefesselt von Brücken und befreit sich aus Kisten und Särgen.
Bis zu 40 000 Zuschauer versammeln sich bei seinen Auftritten und genießen das Spektakel. Später bekommt er sogar eine eigene Show.

Information **Die Zeitform Plusquamperfekt**

Wenn etwas vor dem passiert, wovon im Präteritum oder Perfekt erzählt oder berichtet wird, verwendet man das **Plusquamperfekt**, z. B.: *Nachdem er in Deutschland aufgetreten war, reiste er nach Amerika.*
Das Plusquamperfekt ist eine **zusammengesetzte Zeitform**. Es wird mit einer Form von „haben" und „sein" im Präteritum (z. B. *hatte, war*) und dem Partizip II des Verbs (z. B. *bezahlt, geflogen*) gebildet.

9 **Verdeutliche die zeitliche Abfolge mit Hilfe der Konjunktion „nachdem". Bilde Satzgefüge (Nebensatz = Plusquamperfekt, Hauptsatz = Präteritum) und schreibe sie ins Heft.**

A Houdini wurde zum Superhelden, er sprang in Handschellen und Ketten von einer Brücke.
B Polizisten sperrten ihn in eine Gefängniszelle, kurze Zeit später lief er wieder frei herum.

Das Verb – Aktiv und Passiv

Information **Aktiv und Passiv der Verben**

Das Aktiv und das Passiv sind zwei Verbformen, mit deren Hilfe man Handlungen und Vorgänge unterschiedlich darstellen kann. Man kann aus **zwei Perspektiven** darauf schauen:

1 Im **Aktiv** wird der Handlungsträger (Handelnde) betont. Es ist wichtig, **wer** handelt/etwas tut, z. B.: *Der Magier übt einen neuen Zaubertrick ein.*

2 Im **Passiv** steht die Handlung/der Vorgang im Mittelpunkt. Betont wird, **was** geschieht, z. B.: *Der neue Zaubertrick wird ins Programm aufgenommen.*

Das Passiv wird meist mit einer Form von „werden" und dem Partizip II des Verbs gebildet, z. B.: *murmeln → wird ... gemurmelt, versuchen → wird ... versucht, beachten → werden ... beachtet.*

1 a **Kreuze die Sätze an, in denen ein Handlungsträger genannt ist.**
b **Unterstreiche in den angekreuzten Sätzen den Handlungsträger.**
c **Kreuze unten an, ob diese Sätze im Aktiv oder im Passiv stehen.**

A ☐ Magier machen das scheinbar Unmögliche möglich.

B ☐ Manche große Attraktion wird nur selten gezeigt.

C ☐ Profis verblüffen durch unglaubliche Fesselungsnummern.

D ☐ Anfänger müssen besonders ihre Geschicklichkeit trainieren.

E ☐ Trickgeheimnisse werden in so genannten Zauberclubs ausgetauscht.

Die angekreuzten Sätze stehen im ☐ Aktiv, ☐ Passiv.

2 **Tims Seiltrick wird im Aktiv erklärt: Wandle die Erklärung ins Passiv um. Tipp: Markiere die Akkusativobjekte, bevor du ins Passiv umwandelst. Schreibe anschließend ins Heft.**

Sätze, in denen der Handlungsträger als Subjekt des Satzes erscheint, stehen in der Verbform Aktiv. Bei der Umwandlung eines Aktivsatzes in einen Passivsatz wird das **Akkusativobjekt** (Wen oder was ...?) des Aktivsatzes zum **Subjekt** (Wer oder was ...?) des Passivsatzes.

- **Aktiv:** *Tim führt einen Seiltrick vor.*
  Wen oder Was? → Akkusativobjekt
- **Passiv:** *Ein Seiltrick wird (von Tim) vorgeführt.*
  Wer oder was? → Subjekt

Tims Seiltrick – Der unmögliche Knoten

1 Tim hält die Seilenden in der rechten und linken Hand jeweils zwischen Daumen und Zeigefinger.
2 Als Erstes führt er die rechte Hand nach links.
3 Er legt dann das Seil über seinen linken Unterarm.
4 Danach bewegt Tim die rechte Hand weiter hinter die linke Hand.
5 Anschließend führt Tim die rechte Hand nach unten an der zuvor gebildeten Schlinge vorbei.
6 Nun steckt Tim das Seilende der rechten Hand in die linke „Kammer".
7 Das Seilende der rechten Hand führt Tim anschließend von hinten durch die rechte „Kammer".
8 Tim bewegt die Hände auseinander.
9 Tim lässt die beiden Seilschlingen über die Handgelenke fallen.
10 Gleichzeitig wendet er die Hände heimlich um:
11 Dabei lässt Tim das rechte Seilende unbemerkt los und ergreift das Seil an einer vorher markierten Stelle, während es über sein Handgelenk gleitet.
12 Weil Tim (verdeckt) umgreift, bildet das Seil einen Knoten.

Information **Passiv aus Informationsmangel/als Informationsriegel**

- In einem Passivsatz kann der Handlungsträger ergänzt werden, z. B.:
  Gestern wurde der berühmte Magier Bernini von einem Konkurrenten bestohlen.
- In einem **Passivsatz** kann der **Handlungsträger** aber auch völlig **weggelassen** werden, z. B. wenn er unbekannt oder unwichtig ist oder der Handelnde aus bestimmten Gründen nicht genannt werden soll, z. B. um eine betroffene Person zu schützen oder die verantwortlichen Personen oder Täter zu verschleiern.

Aktiv (Tatsache): *Tricky Torsten entwendete Berninis schwebende Jungfrau.*
Passiv (Zeitungsschlagzeile): *Berninis schwebende Jungfrau wurde entwendet.*
(→ Tricky Torsten soll nicht wissen, dass man ihn verdächtigt. Sonst entzieht er sich der Festnahme.)

3 **a** **Lies die Aussagen in den folgenden Sprechblasen.**
b **Markiere die Handlungsträger (Wer oder was ...?) in Grün, die Darstellungen des Geschehens (Was geschieht?) in Gelb.**

Zauberkiste des Magiers Bernini gestohlen!

4 **Schreibe über den Diebstahl der Zauberkiste einen Zeitungsartikel im Passiv: Formuliere Aussagen, die das Geschehene benennen, nicht aber die Handlungsträger. Du kannst so beginnen:**

Berninis berühmte Zaubershow gefährdet – Polizei bittet um Hinweise
Gestern wurde die Polizei wegen eines ungewöhnlichen Diebstahls zum Flughafen gerufen ...

5 ●●● **Verfasse einen kurzen Artikel über das Auftauchen der Zauberkiste am nächsten Tag: War der Täter Monsieur Miro? Hinweise findest du im Bild oben. Denke dir eine Geschichte aus. Verwende Passivformen und schreibe ins Heft.**

Information **Zustands- und Vorgangspassiv**

1 Das **Zustandspassiv** *(sein-Passiv)* beschreibt das Ergebnis eines Vorgangs. Es wird durch eine Personalform von **„sein"** und das **Partizip II des Verbs** gebildet, z. B.: *Das Fenster ist seit gestern geöffnet.*
2 Das **Vorgangspassiv** *(werden-Passiv)* beschreibt den Ablauf eines Vorgangs. Es wird durch eine Personalform von **„werden"** und das **Partizip II des Verbs** gebildet, z. B.: *Die Zauberkiste wird von allen gesucht.*

6 **a Unterstreiche in der folgenden Liste der Rekorde die Verbformen des Passivs.**
b Kreuze an: Welcher Rekord steht im Zustandspassiv?

A ☐ Größte Tiershow: Ein Kunststück mit 80 000 Bienen wird in Las Vegas in der Show von Jillette Penn und Raymond Teller gezeigt.

B ☐ Schnellster Würfellöser: Der klassische Zauberwürfel wird von dem Niederländer Mats Valk in 4,47 Sekunden wieder in seine Ausgangssituation gedreht.

C ☐ Längste Spielzeit: Seit Juni 2008 wird in New York regelmäßig die Broadway-Show „Simon's Lovell's Strange and Unusual Hobbies" aufgeführt.

D ☐ Größte Zauber-Kästen-Sammlung: Über 2000 verschiedene Zauberkästen sind im Zauberkasten-Museum von Manfred Klaghofer ausgestellt.

7 **Vor der Show: Trage die Verben in der richtigen Passivform ein.**
Tipp: Prüfe, ob du das Zustandspassiv oder das Vorgangspassiv verwenden musst.

A Es ist kurz vor der Premiere, gleich wird der Vorhang geöffnet. — öffnen

B Die Eintrittskarten für die magische Show ________ seit Wochen ________. — verschicken

C Die Premiere ________ noch emsig ________. — vorbereiten

D Die Scheinwerfer ________ bereits an der hohen Decke ________. — befestigen

E Währenddessen ________ die Künstler in ihrer Garderobe ________. — schminken

8 **Die Show beginnt: Schau dir die folgenden Bilder genau an.**
Kreuze für jedes an, welcher der beiden Passivsätze rechts genau wiedergibt, was du siehst.

A ☐ Die Bühne wird vom Moderator für den ersten Zaubertrick freigegeben.
B ☐ Die Bühne ist vom Moderator für den ersten Zaubertrick freigegeben.

C ☐ Der Trick mit Mademoiselle Coco wird als erster vollendet.
D ☐ Der Trick mit Mademoiselle Coco ist als erster vollendet.

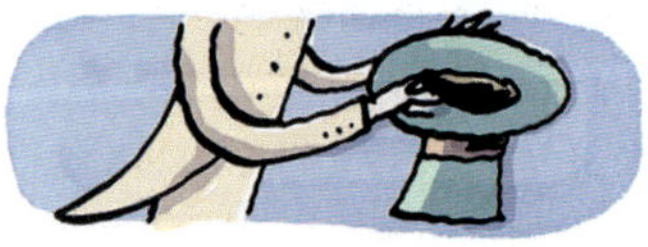

E ☐ Dann wird ein Kaninchen aus dem Hut gezaubert.
F ☐ Dann ist ein Kaninchen aus dem Hut gezaubert.

G ☐ Der Zauberer wird für die Entfesselungsnummer angekettet.
H ☐ Der Zauberer ist für die Entfesselungsnummer angekettet.

Information **Zeitformen im Aktiv und Passiv**

Jede Zeitform (Tempus) im Aktivsatz hat eine Entsprechung im Passivsatz.

	Aktivsatz	**Passivsatz**
Präsens	*Der Zirkus errichtet das Zelt.*	*Das Zelt wird (vom Zirkus) errichtet.*
Futur I	*Der Zirkus wird das Zelt errichten.*	*Das Zelt wird (vom Zirkus) errichtet werden.*
Präteritum	*Der Zirkus errichtete das Zelt.*	*Das Zelt wurde (vom Zirkus) errichtet.*
Perfekt	*Der Zirkus hat das Zelt errichtet.*	*Das Zelt ist (vom Zirkus) errichtet worden.*
Plusquamperfekt	*Der Zirkus hatte das Zelt errichtet.*	*Das Zelt war (vom Zirkus) errichtet worden.*

9 **a Unterstreiche in den folgenden Sätzen die Verbformen.**
b Bestimme für jeden Satz die Zeitform und trage sie ein.
c Setze die Sätze in derselben Zeitform ins Passiv.

A Der Zirkusclown hatte in der Stadt Flyer für die Abendvorstellung verteilt. Zeitform: ______________

____

B Der Zauberkünstler zeigte mehrere außergewöhnliche Tricks. Zeitform: ______________

____

C Die Assistentin hat die einzelnen Nummern professionell angekündigt. Zeitform: ______________

____

D Nächstes Jahr wird der Zirkus ein neues Programm anbieten. Zeitform: ______________

____

Information **Ersatzformen für das Passiv**

Um Passivformen in Texten zu vermeiden, können Ersatzformen mit aktiven Verbformen verwendet werden, die den Handlungsträger ebenfalls nicht nennen. Die wichtigsten Ersatzformen für das Passiv sind:

- man-Form: *Man durchschaut den Trick nicht.*
- „sich lassen“ + Infinitiv: *Der Trick lässt sich nachmachen.*
- „sein“ + Infinitiv mit „zu“: *Es ist zu verstehen.*
- „sein“ + Adjektiv (mit *-bar, -lich, -fähig*): *Es ist verständlich.*

10 **a Welche Ersatzform für das Passiv wurde für den folgenden Zahlentrick eingesetzt? Notiere sie auf der Schreiblinie unten.**
b Wähle eine andere Ersatzform für das Passiv aus und schreibe die Schritte 1-5 umformuliert in dein Heft.

1. Man notiert eine siebenstellige Nummer (z. B. eine Telefonnummer).
2. Man tippt die ersten drei Ziffern der Zahl in den Taschenrechner ein.
3. Man multipliziert sie mit 80.
4. Man addiert die Zahl 1.
5. Man multipliziert das Ergebnis mit 250.
6. Man addiert die letzten vier Ziffern der Telefonnummer als Zahl hinzu.
7. Man addiert diese vierstellige Zahl nochmals.
8. Man zieht vom Ergebnis die Zahl 250 ab.
9. Man teilt das Ergebnis durch 2.
10. Man schreibt das Ergebnis auf: ______________

Die gewählte Ersatzform für das Passiv ist ______________________________

Das Verb – Der Konjunktiv

Information **Den Konjunktiv I bilden**

Verben haben einen **Modus**, d. h. eine Aussageweise: Er zeigt an, wie wirklich und sicher eine Aussage ist.

- Der **Indikativ** ist die **Wirklichkeitsform**, z. B.: *Julia kennt Zaubertricks.*
- Der **Konjunktiv I** wird z. B. **in der indirekten Rede** verwendet, um zu zeigen, dass nur wiedergegeben wird, was jemand gesagt hat, z. B.:
  - Indikativ: *Julia sagt: „Ich kenne Zaubertricks."*
  - Indirekte Rede mit Konjunktiv I: *Julia sagt, sie kenne Zaubertricks.*

Der Konjunktiv I wird durch den Stamm des Verbs (Infinitiv ohne *-en)* + Personalendung gebildet, z. B.:

Singular		Plural	
Indikativ Präsens	**Konjunktiv I**	**Indikativ Präsens**	**Konjunktiv I**
ich komm-e	*ich komm-e*	*wir komm-en*	*wir komm-en*
du komm-st	*du komm-est**	*ihr komm-t*	*ihr komm-et**
er/sie/es komm-t	*er/sie/es komm-e**	*sie komm-en*	*sie komm-en*

* In einigen Fällen wird ein *e* eingefügt.

1 **Markiere im folgenden Text alle Verbformen im Indikativ grün und die im Konjunktiv I blau.**

Echte Zauberei ... ?

Julia erzählt Tim, dass sie zum Geburtstag einen Zauberkasten bekommen habe. Der Kasten enthalte Spielkarten, Münzen und einen magischen Würfel. Ein Zauberstab und ein Zauberbuch seien natürlich auch dabei. Sie schauen sich den Kasten an, auf dem steht, damit lerne man das Zaubern im Handumdrehen. Tim und Julia entscheiden sich für die spannendste Herausforderung. Sie wollen Münzen auf magische Art und Weise vermehren und damit reich werden. Beim Blick ins Zauberbuch sind sie aber enttäuscht. Darin steht, dass es sich dabei nur um einen Zaubertrick handele, mit dem man das Publikum täuschen könne. Die Anzahl der Münzen verändere sich in Wirklichkeit nicht.

Information **Den Konjunktiv II bilden**

Der Konjunktiv II kennzeichnet Unwirkliches, Unwahrscheinliches, Zweifel, aber auch eine höfliche Aufforderung. Der Konjunktiv II wird **vom Präteritum Indikativ abgeleitet**.

	Indikativ Präteritum	**Konjunktiv II**	**Indikativ Präteritum**	**Konjunktiv II**
Regelmäßige Verben:	*du suchtest*	*du suchtest*	*ich liebte*	*ich liebte*
Unregelmäßige Verben:	*er sah*	*er sähe*	*wir fuhren*	*wir führen*

Die **Ersatzform mit „würde"** wird verwendet, wenn die Konjunktiv-II-Form ...

- vom Indikativ Präteritum nicht zu unterscheiden ist, z. B.: *wir gingen → wir würden gehen,*
- ungebräuchlich ist, z. B.: *ich empfähle → ich würde empfehlen.*

2 **Setze bei den Sätzen A bis D die unterstrichenen Verben in den Konjunktiv II und verwende bei den Sätzen E und F die Ersatzform mit „würde". Schreibe die Sätze ins Heft.**

A Wenn ein Zauberer mir anböte anbieten, mir einen Wunsch zu erfüllen, bitten ich ihn, mich unsichtbar machen zu können. B Dann müssen ich im Kino keinen Eintritt zahlen, fahren kostenlos mit Bus und Bahn und fliegen ohne Ticket im Flugzeug. C Außerdem können ich andere heimlich belauschen und ihnen lustige Streiche spielen. D Aber: Was sehen die Leute auf meinem Passbild? E Wie erkennen meine Freunde mich? F Überrennen andere Fußgänger mich nicht ganz schnell versehentlich?

Information **Der Konjunktiv in der indirekten Rede**

In indirekter Rede kann man wiedergeben, was jemand gesagt hat. Das Verb steht im **Konjunktiv I**.
Wer etwas gesagt hat, wird in einem einleitenden Hauptsatz angegeben, z. B.:
Der Zauberer betont: „Ich mag meine Arbeit sehr.“ (wörtliche Rede im Indikativ)
Der Zauberer betont, er möge seine Arbeit sehr. (indirekte Rede im Konjunktiv I)
Tipp: Beachte den Pronomenwechsel: „ich“ → „er“.

Ersatzformen:
- Wenn der Konjunktiv I sich nicht vom Indikativ Präsens unterscheidet, wird der **Konjunktiv II oder die Ersatzform mit „würde“** verwendet.
- Ist der Konjunktiv II formgleich mit dem Indikativ Präteritum, muss die **Ersatzform mit „würde“** gewählt werden.

Indikativ: *Der Volksmund sagt: „Magier paktieren mit dunklen Mächten.“*
Konjunktiv I: *Der Volksmund sagt, Magier ~~paktieren~~ mit dunklen Mächten.* (Konj. I = Indikativ Präsens)
→ Konjunktiv II: *Der Volksmund sagt, Magier ~~paktierten~~ mit dunklen Mächten.* (Konj. II = Indikativ Präteritum)
→ Ersatzform mit „würde“: *Der Volksmund sagt, Magier würden mit dunklen Mächten paktieren.*

3 **a** **Unterstreiche im folgenden Text alle Verbformen im Konjunktiv I blau.**
b **Ein Verb steht im Konjunktiv II: Umkreise es.**
c **Unterstreiche die Ersatzformen mit „würde“ grün.**
d **Unterstreiche die vier einleitenden Hauptsätze.**

ChrisMagic bezaubert

Der berühmte Zauberer ChrisMagic erklärt im Interview, dass sein Interesse für Zauberei schon in seiner Kindheit angefangen habe. Er erinnert sich, dass er acht Jahre alt gewesen sei, als er im Fernsehen eine Sendung über Zauberkünstler gesehen habe. Später habe er sich dann einen Zauberkasten gekauft. Heute gehe er in spezielle Geschäfte, wo er professionelle Zaubertricks kaufe, erzählt ChrisMagic weiter. Außerdem hätten nette Kollegen ihm viel über Zauberei beigebracht. Als er gefragt wird, ob man allein von der Zauberkunst leben könne, antwortet ChrisMagic, dass dies zwar möglich sei, dass viele seiner Kollegen aber nicht hauptberuflich als Zauberer arbeiten würden.

4 **Erkläre, warum im Text von Aufgabe 3 einmal der Konjunktiv II und einmal die Ersatzform mit „würde“ gewählt werden musste.**

Der Konjunktiv II musste gewählt werden, weil der Konjunktiv I ______________________

____

Die Ersatzform mit „würde“ musste gewählt werden, weil ______________________

____

5 ●●● **Formuliere die folgenden Äußerungen von ChrisMagic in deinem Heft in indirekte Rede um. Verwende den Konjunktiv I und achte bei den einleitenden Hauptsätzen auf abwechslungsreiche Verben.**

A „Mein Showprogramm ist einfach für alle interessant.“
B „Ich arbeite mittlerweile vornehmlich für Firmenkunden auf Messen und Firmenfeiern.“
C „Jedoch betreue ich auch sehr gern noch schöne Privatveranstaltungen wie Hochzeiten oder Geburtstage.“

Texte überarbeiten

Übereinstimmung zwischen Pronomen und Bezugswort prüfen

1 **Im folgenden Textauszug über die Geschichte der Zauberei sind einige Pronomen nicht richtig dekliniert.**
- **a** **Markiere alle Possessivpronomen (▶ S. 39).**
- **b** **Unterstreiche die Nomen oder Wortgruppen, die sie begleiten.**
- **c** **Schreibe über die falsch deklinierten Possessivpronomen die richtige Form.**

Die Geschichte der Zauberkunst

VORSICHT FEHLER!

Schon die alten Griechen beherrschten die Kunst des Taschenspiels, benannt nach der Tasche, in der die Gaukler ~~ihren~~ ihre Requisiten aufbewahrten. Mit ihre Tricks wollten die Zauberer ihre Publikum belustigen und unterhalten. Viele Zaubertricks wurden aber auch von Kriminellen erfunden. Falschspieler und Taschendiebe bereicherten sich mit Hilfe ihren Fingerfertigkeit unrechtmäßig. Im 16. Jahrhundert veröffentlichte Reginald Scot seine Buch „The Discoverie of Witchcraft". Der Autor wollte die Menschen mit sein Werk über verschiedene Zaubertricks von Taschenspielern und Gauklern aufklären und ihnen zeigen, dass es sich bei deren Zaubereien nicht um Teufelswerk, sondern um natürliche Täuschungen handelte.

2
- **a** **Markiere im folgenden Textauszug alle sechs Demonstrativpronomen (▶ S. 39).**
- **b** **Unterstreiche die Nomen oder Wortgruppen, die die Demonstrativpronomen ersetzen oder begleiten.**
- **c** **Schreibe über die falsch deklinierten Demonstrativpronomen die richtige Form.**

VORSICHT FEHLER!

Im 18. Jahrhundert wurde Zauberei zunehmend salonfähig, sodass viele Könige Hofnarren engagierten. Diesen sollten solchen Zaubertricks vorführen, die verblüfften und zur Unterhaltung des Königs und seiner Gäste beitrugen. Im 19. Jahrhundert waren dann jener Zauberer besonders erfolgreich, die ganz besondere Tricks beherrschten. Man stellte fest, dass schwarze Gegenstände vor einem schwarzen Hintergrund nur schwer wahrzunehmen sind und entwickelte auf Grundlage diese Erkenntnis das so genannte „schwarze Kabinett". Der berühmte Zauberer Harry Houdini erfand verschiedene Entfesselungstricks. Dieser machten ihn weltberühmt. Das Haus „El Rei De La Magia" in Barcelona ist bis heute nicht nur bei Fachleuten berühmt: An diese Ort stellt man bereits seit 1881 Zauberzubehör und -geräte her und bietet seither auch Unterricht im Zaubern an.

Den Konjunktiv in der indirekten Rede prüfen

1 **Prüfe dein Wissen über die indirekte Rede.**
Kreuze für jede der folgenden Aussagen an, ob sie richtig oder falsch ist.

	richtig	falsch
A Bei der indirekten Rede verwendet man den Indikativ.	☐	☐
B Man verwendet bei der indirekten Rede auch den Konjunktiv II oder die Ersatzform mit „würde", um den Unterschied zum Indikativ Präsens zu verdeutlichen.	☐	☐
C Der Konjunktiv I wird vom Indikativ Präteritum abgeleitet. Bei unregelmäßigen Verben werden *a, o, u* im Wortstamm zu *ä, ö, ü*.	☐	☐

2 **Der folgende Text ist ein Bericht für eine Schülerzeitung. Die Redebeiträge wurden hier in wörtlicher Rede festgehalten. Überarbeite den Text, indem du die wörtliche Rede in indirekte Rede umformst.**

a **Markiere alle Verben in der wörtlichen Rede und notiere am Rand die richtige Konjunktivform oder die Ersatzform mit „würde". Tipp: Beachte den Pronomenwechsel von „ich", „wir" zu „er/sie", „sie".**

b **Schreibe den überarbeiteten Artikel in dein Heft.**

Die Zaubershow am Anne-Frank-Gymnasium

Am 6. Mai fand am Anne-Frank-Gymnasium eine Zaubershow der in diesem Schuljahr neu gegründeten Zauber-AG statt. Wie es dazu kam, berichtet der Deutschlehrer Herr Tanner, der die AG leitet: „Ich selbst zaubere schon seit meinem Studium. Manchmal zeige ich meinen Schülern am Stundenende einen meiner Tricks. Eines Tages haben mich die Schüler zur Gründung einer Zauber-AG überredet."

er zaubere
er

Während der Show ließen die Zuschauer sich von Karten- und Seiltricks beeindrucken. „Besonders genial ist der Trick von Tim", schwärmte der Schulleiter, „er kann einen Geldschein verschwinden lassen und ihn wieder herbeizaubern."

Nach der Pause verblüffte Lea mit ihren Fähigkeiten im Gedankenlesen. Sie forderte einen Zuschauer auf, eine Zahl zwischen eins und sechs zu nennen und anschließend in ihre Jackentasche zu greifen. Erstaunlicherweise fand sich dort ein Zettel mit der vom Zuschauer genannten Zahl. Am Ende der Show verriet sie den Trick: „Für jede Zahl habe ich eine eigene Tasche. Sagt der Zuschauer also ‚zwei', fordere ich ihn auf, in die linke Hosentasche zu greifen, sagt er ‚drei', ist es die rechte Jackentasche und so weiter."

Aber wie haben die Schüler all diese spektakulären Tricks gelernt? Jonas erklärte am Ende der Show: „Meistens lernen wir die Zaubertricks mit Videos aus dem Internet. Wir müssen dann lange vor dem Spiegel üben, bis sie reibungslos funktionieren."

Teste dich!

Wortarten und rund ums Verb

1 Markiere die Wortarten, die sich beugen lassen. (5 Punkte)

Verb Artikel Pronomen Konjunktion

Adjektiv Nomen Adverb Präposition

2 a Markiere im folgenden Text Personalpronomen, Possessivpronomen und Demonstrativpronomen mit verschiedenen Farben. (13 Punkte)
b Umkreise die Bezugswörter zu den Possessivpronomen. (4 Punkte)

Seinen ersten Kontakt zur Zauberkunst hatte Oliver Erens im Alter von zehn Jahren. Seither beschäftigt er sich intensiv mit diesem Hobby. Seine ersten Auftritte hatte er mit zwölf Jahren. Tricks mit Spielkarten sind seine Lieblingsbeschäftigung. Mit 16 Jahren wurde er jüngstes Mitglied des „Magischen Zirkels" in Deutschland. In diesem Alter erfolgten auch seine ersten Veröffentlichungen seiner Kunststücke in deutschen, später auch internationalen Fachzeitschriften. Im Jahre 1995 zeichnete ihn jener Zirkel als Schriftsteller des Jahres aus. Seit dieser Zeit erscheint bis heute im Schnitt jährlich ein Buch über Zaubertricks von Oliver Erens.

3 Welche der folgenden Wörter sind keine Adverbien? Streiche sie durch. (6 Punkte)

schnell • morgen • vergnüglich • sehr • vorher • witzig • gern • attraktiv • dort • daher • spektakulär
anders • später • bald • draußen • glücklicherweise • keinesfalls • schließlich • immer

4 Setze die folgenden Infinitive in die verschiedenen Vergangenheitsformen des Verbs. (3 Punkte)

Infinitiv		Perfekt	Präteritum	Plusquamperfekt
A schreiben	*ich …*			
B lesen	*du …*			
C verlieren	*wir …*			

5 Aktiv oder Passiv? Kreuze an. (5 Punkte)

	Aktiv	Passiv
A Der Abend war ein voller Erfolg.	☐	☐
B Die Illusionseffekte wurden bestaunt.	☐	☐
C Das Publikum wurde reich belohnt.	☐	☐
D Die Show war einfach fantastisch.	☐	☐
E Die Zuschauer werden auch nächstes Jahr auf ihre Kosten kommen.	☐	☐

6 **Trage die fehlenden Personalformen in die Tabelle ein. (5 Punkte)**

	Tempus	Aktiv	Passiv
A	Präsens	er sucht	er
B	Futur	er	er wird gesucht werden
C	Perfekt	er hat gesucht	er
D	Präteritum	er	er wurde gesucht
E	Plusquamperfekt	er hatte gesucht	er

7 **Vorgangs- oder Zustandspassiv? Kreuze an. (3 Punkte)**

		Vorgangs passiv	Zustands-passiv
A	Die Abbildungen im Zauber-Buch sind meist sehr genau gezeichnet.	☐	☐
B	Auch auf der Buchmesse in Frankfurt werden Zauberbücher vorgestellt.	☐	☐
C	Im Goethe-Museum-Düsseldorf ist einer der ältesten erhaltenen Zauberkästen ausgestellt.	☐	☐

8 **Gib die Aussagen des Zauberkünstlers in indirekter Rede wieder. (6 Punkte)**

A Ein Zauberkünstler gab zu: „Bei meinem Auftritt war ich sehr aufgeregt."

B Er berichtete: „Die Nervosität hat mir fast einen Streich gespielt."

C Dann räumte er ein: „Ein bisschen Lampenfieber gehört aber dazu."

D Erleichtert erzählte er: „Schließlich habe ich mich aber doch ganz auf meinen Trick konzentrieren können."

E „Er ist mir perfekt gelungen", erklärte er erfreut.

F „Jetzt bin ich Weltmeister", sagte er glücklich.

Vergleiche deine Ergebnisse mit dem Lösungsheft. Für jede richtige Antwort bekommst du einen Punkt.

☺ 50–39 Punkte	☺ 38–26 Punkte	☹ 25–0 Punkte
Gut gemacht!	Gar nicht schlecht, aber lies dir die Informationskästen auf den Seiten 38 bis 51 noch einmal genau durch.	Arbeite die Seiten 38 bis 51 noch einmal genau durch.

Satzglieder unterscheiden

Information **Satzglieder erkennen und bestimmen**

- Mit der **Umstellprobe** stellst du fest, wie viele Satzglieder ein Satz hat. Die Wörter, die dabei zusammenbleiben, bilden ein Satzglied, z. B.: Erfinder sind oft sehr berühmt. → Oft sind Erfinder sehr berühmt.
- Mit der **Frageprobe** ermittelst du, um welche Art von Satzglied es sich handelt, z. B.:
  Manche berühmten Erfinder entwickelten schon in früher Kindheit große Neuerungen.

	Manche berühmten Erfinder	entwickelten	schon in früher Kindheit	große Neuerungen.
Frage:	Wer oder Was?		Wann?	Wen oder was?
	↓	↓	↓	↓
Satzglied:	Subjekt	Prädikat*	adverbiale Bestimmung	Akkusativobjekt

* Das Prädikat ist der Kern des Satzes und wird durch Verben gebildet.

1 **Füge die folgenden Fachwörter für die Satzglieder an der richtigen Stelle in die Übersicht ein.**

Objekte | Subjekt | adverbiale Bestimmungen | Prädikat

Satz

Satzglieder

- A ______________ Wer oder was?
- B ______________
- C ______________
  - **Genitivobjekt** Wessen?
  - **Präpositionalobjekt** Wofür? Worauf? Womit? Der Kasus richtet sich nach der Präposition beim Verb.
  - **Akkusativobjekt** Wen oder was?
  - **Dativobjekt** Wem?
- D ______________ ______________
  - **der Art und Weise?** Wie?
  - **des Grundes** Warum?
  - **der Zeit** Wann?
  - **des Ortes** Wo?

Attribut
Erweiterung eines Satzglieds, z. B. des Subjekts, des Objekts, der adverbialen Bestimmung

2 **a** **Lies den folgenden Text über die Erfindung des Kaffeefilters.**

1 Früher kochte man gemahlenen Kaffee in heißem Wasser auf.
2 Beim Trinken blieb der Kaffeesatz zwischen den Zähnen hängen.
3 1908 beendete Melitta Bentz das unangenehme Kaffeesatztrinken.
4 Sie durchlöcherte den Boden eines Messingtopfes.
5 Dann suchte sie nach einem möglichst wasserdurchlässigen Papier.
6 Im Schulheft ihres Sohnes fand sie das geeignete Löschpapier.
7 Nun bot sie den gefilterten Kaffee ihrem Mann an.
8 Seitdem erfreut sich der Melitta-Filter großer Beliebtheit.

b Beantworte die folgenden Fragen zum Text auf Seite 54 und notiere die Antworten.
Tipp: Die Frageprobe und die Umstellprobe helfen dir dabei.

A Was sind in den Sätzen 1, 2 und 3 die Subjekte?

Satz 1: ______________________________

B Enthält Satz 4 ein Dativobjekt oder ein Akkusativobjekt? ______________________________

C Welches Objekt enthält Satz 5? ______________________________

D Wie viele Satzglieder enthält Satz 6? ______________________________

E Welche Art von Objekten enthält Satz 7? ______________________________

F Mit welchem Satzglied endet Satz 8? ______________________________

3 Ordne den folgenden Verben links die passende Präposition rechts zu. Ziehe Verbindungslinien.

handeln	an
zweifeln	von
forschen	vor
sich begnügen	mit
flüchten	nach

Präpositionalobjekte bestimmen
Das Präpositionalobjekt steht nach Verben, die fest mit einer Präposition verbunden sind, z. B.: *lachen über, achten auf, warten auf.* Diese Präposition ist auch im Fragewort enthalten, z. B.: *Die Erfinderin hofft sehr* ***auf*** *den Durchbruch.*
→ **Worauf** hofft sie?
Nach Präpositionalobjekten fragst du z. B. mit: *Wofür …? Wonach …? Wovon …?*

4 Unterstreiche im folgenden Text sechs Präpositionalobjekte.

Nicht alle Menschen interessieren sich für neue Erfindungen. Dabei gibt es im Alltag unzählige Anlässe für Neuerungen. Jens (13 Jahre) aus Osnabrück zum Beispiel zweifelte an der Ehrlichkeit seiner Freunde. Nachdem er bei seinen Nachforschungen auf dem Dachboden seines Großvaters auf eine sehr sonderbare kleine Maschine gestoßen war, hatte er ihnen dies berichtet. Sie schworen einen Eid, dass sie nichts verraten würden. Aber Jens war misstrauisch. Er verband ein Stück Gartenschlauch und einen Trichter, indem er beides mit Klebestreifen umwickelte. Fertig war das Fernabhörgerät! Am nächsten Schultag bewegte Jens den Schlauch samt Trichter vorsichtig und leise voran, bis dieser den Kreis der Jungen erreichte. Er wollte erfahren, über welches Thema seine Freunde sprachen. Es gelang. Jens lauschte und wartete gespannt auf den befürchteten Verrat. Seine Freunde allerdings lachten laut über ihn!

Genaue Angaben machen – Adverbiale Bestimmungen

Information **Adverbiale Bestimmungen** (auch: Adverbiale, Sg. Adverbial)

Adverbiale Bestimmungen sind Satzglieder, die **zusätzliche Informationen über** den **Ort**, die **Zeit**, den **Grund** und die **Art und Weise** eines Geschehens oder einer Handlung geben.
Mit der **Frageprobe** kannst du ermitteln, welche adverbiale Bestimmung vorliegt:

- Wann? Wie lange? Seit wann? Wie oft? **adverbiale Bestimmung der Zeit**
- Wo? Wohin? Woher? **adverbiale Bestimmung des Ortes**
- Warum? Weshalb? Weswegen? **adverbiale Bestimmung des Grundes**
- Wie? Auf welche Weise? Womit? **adverbiale Bestimmung der Art und Weise**

1 a **Ordne den adverbialen Bestimmungen Farben zu. Male dazu die Felder aus.**
b **Unterstreiche im nachfolgenden Text 13 adverbiale Bestimmungen in den vier Farben.**

☐ adv. Best. des Ortes ☐ der Zeit ☐ der Art und Weise ☐ des Grundes

Die Erfinderin mit Durchblick

Im Winter 1903 beobachtete die Amerikanerin Mary Anderson in New York den Verkehr. Bei Schnee und Regen mussten die Fahrer der Straßenbahnen und der ersten Automobile wegen der schlechten Sicht stoppen, aussteigen und von Hand die Windschutzscheibe säubern. Diese lästige und nasse Fahrtunterbrechung konnte Mary Anderson problemlos abschaffen. Sie konstruierte einen Schwingarm mit Gummiblatt, der im Wageninneren mechanisch in Bewegung gesetzt wird: Der Scheibenwischer war erfunden. Auf Grund ihrer Erfindung konnte die geschickte Konstrukteurin im November 1903 ein Patent anmelden. Das praktische Bauteil ist heute in jedem Auto Standard.

2 a **Trage die folgenden adverbialen Bestimmungen passend in die Übersicht ein.**

an einer Sollbruchstelle | zuverlässig | in den Jahren 1913/14 | auf Grund vieler eigener Testflüge | exakt gefaltet | vor ihrer Erfindung

adverbiale Bestimmung …			
… der Zeit	… des Ortes	… der Art und Weise	… des Grundes

b Beantworte zum folgenden Text die Fragen in der Randspalte: Wähle hierzu eine passende adverbiale Bestimmung in der Übersicht von Aufgabe 2 a aus und trage sie im Text ein.

_______________ erfand Katharina Paulus etwas, *wann?*

das nach ihr vielen Menschen das Leben retten sollte: das Fallschirmpaket.

_______________ waren Fallschirme sperrige und schwere *wann?*

Tücher, die sich nicht _______________ öffneten. K. Paulus verpackte den *wie?*

Fallschirm _______________ in einen kleinen Sack, *wie?*

eine kleine Reißleine öffnete den Sack _______________, *wo?*

sodass er sich entfaltete. _______________ *warum?*

_______________ konnte sie ihre Erfindung immer perfekter gestalten.

3 ●●● Erweitere jeden der folgenden Sätze durch alle vier Arten von adverbialen Bestimmungen. Schreibe die erweiterten Sätze auf.

A Jede kluge Erfinderin tüftelt.

____

____

B Erfindungen entstehen.

____

____

C Ich möchte selbst etwas Tolles erfinden.

____

____

Attributformen als Teil eines Satzglieds

Information **Attribute (Beifügungen)**

Attribute **bestimmen ein Bezugswort** (meist ein Nomen) näher. Sie sind immer **Teil eines Satzglieds** und bleiben bei der Umstellprobe (▸ S. 54) mit ihrem Bezugswort verbunden. Attribute können mehrteilig sein, sie stehen vor oder nach ihrem Bezugswort. Man kann sie mit **„Was für ... ?"** erfragen.
Attribute gibt es in unterschiedlichen **sprachlichen Formen:**

- **Adjektivattribut**, z. B.: *eine intelligente Frau, die kreative Entwicklung.*
- **präpositionales Attribut**, z. B.: *eine Maschine zum Geschirrspülen.*
- **Genitivattribut**, z. B.: *die Idee der Erfinderin, das Trocknen des Geschirrs.*
- **Apposition**, z. B.: *Margarete Steiff, eine gelernte Schneiderin, erfand den Teddy.*
  Beachte die **Zeichensetzung**: Eine Apposition steht zwischen zwei Kommas. Meist steht sie hinter dem Bezugswort.

1 a **Trenne in den folgenden Sätzen die Satzglieder mit senkrechten Strichen | voneinander ab.**
b **Wende die Umstellprobe an und notiere je einen Satz mit anderem Satzanfang.**
Hinweis: Bilde keine Fragen.

A 1903 | nähte | Margarete Steiff | ein neuartiges Spielzeug zum Schmusen.

____

B Der pelzige Teddybär ist bis heute eine Freude der Kinder.

____

C Josephine Cochran, eine Amerikanerin, erfand 1886 einen hilfreichen Automaten für die Küche.

____

D Der Geschirrspülautomat mit Motor ersetzte mühsames Spülen von Hand.

____

E Windelwechseln ohne Mühe verdanken Eltern der experimentierfreudigen Marion Donovan.

____

F Nach der Erfindung des Windelhöschens entwickelte sie die praktische Windel zum Wegwerfen.

____

2 a **Prüfe für die Sätze von Aufgabe 1, welche Satzglieder Attribute umfassen, und unterstreiche diese Attribute.**
b **Kennzeichne mit einem Pfeil, auf welches Bezugswort sich das jeweilige Attribut bezieht.**

1903 | nähte | Margarete Steiff | ein neuartiges Spielzeug zum Schmusen.

3 **a** **Unterstreiche im folgenden Text 13 weitere Attribute.**
b **Bestimme die Form jedes Attributs, indem du das richtige Kürzel darunterschreibst:**
Aa = Adjektivattribut, Ga = Genitivattribut, pA = präpositionales Attribut, App = Apposition.

Die Abschaffung der Spülhände
Ga

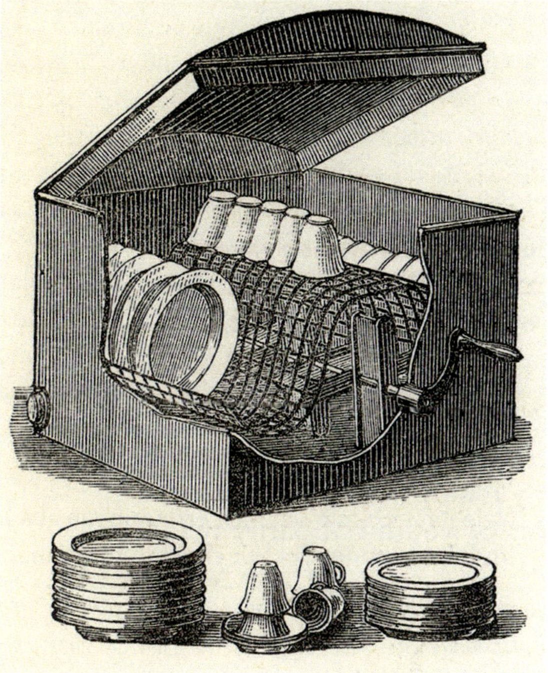

Josephine Cochrane aus dem US-Bundesstaat Illinois gilt als
pA
Erfinderin des Geschirrspülers. Als wohlhabende Frau hat Cochrane zahlreiche Partys gegeben, nach denen Berge von Geschirr gespült werden mussten. Weil zerbrochenes Porzellan sie ärgerte, baute sie ein Gerät für den Abwasch. Sie entwarf einen Geschirrhalter aus Drahtbügeln, der in einem großen Waschkessel aus Kupfer montiert wurde. Mit einem Motor wurde das Drahtgestell gedreht. Gleichzeitig pumpte eine Wasserpumpe heiße Seifenlauge in den Kessel. Die entscheidende Idee war es, Wasserdruck einzusetzen. 1886 ließ Josephine Cochran, Tochter eines Wasserbauingenieurs, ihren Geschirrspülautomaten patentieren.

4 ●●● **Fasse die Informationen der folgenden Sätze jeweils in einem Satz zusammen und verwende dazu Appositionen. Achte auf die Kommasetzung.**

Mary Anderson meldete 1903 ein Patent für eine Scheibenwischanlage an.
Mary Anderson arbeitete als Bauunternehmerin und Rancherin in Amerika.

Mary Anderson, eine amerikanische Bauunternehmerin und Rancherin, meldete 1903 ein Patent für eine Scheibenwischanlage an.

A Margarete Steiff gründete die gleichnamige Spielwarenfabrik.
Margarete Steiff wurde trotz ihrer Kinderlähmung eine selbstständige und erfolgreiche Frau.

B Durch die Erfindung der Einwegwindel erleichterte Marion Donovan Millionen von Eltern das Wickeln.
Die Einwegwindel ist heute ein echter Verkaufsschlager.

Texte überarbeiten mit Hilfe von Proben

Methode **Die Textlupe anwenden: Texte überarbeiten**

Die folgenden Proben helfen dir, **genauer zu schreiben** und Texte **stilistisch zu verbessern**.

- **Umstellprobe: Satzanfänge abwechslungsreich gestalten**
  Durch die Umstellprobe kannst du Texte abwechslungsreicher gestalten, z. B. die Satzanfänge:
  [Manche berühmten Erfinder] [entwickeln] [schon als kleines Kind] [große Neuerungen.]
  [Schon als kleines Kind] [entwickeln] [manche berühmten Erfinder] [große Neuerungen.]
- **Ersatzprobe: Wortwiederholungen vermeiden**
  ~~Manche berühmten Erfinder~~ Sie kommen auf verblüffende Ideen.
- **Weglassprobe: Texte straffen, Wiederholungen vermeiden**
  Sie entwickeln schon als ~~kleines~~ Kind große Neuerungen.
- **Erweiterungsprobe: Genau und anschaulich schreiben** (mit Attributen oder adverbialen Bestimmungen)
  Sie entwickeln manchmal schon als Kind große Neuerungen mit überraschender Wirkung.

1 a **Nele hat sich mit witzigen Erfindungen aus Japan beschäftigt. Im folgenden Text hat sie ihre Informationen zusammengefasst. Lies ihn.**

VORSICHT FEHLER!

„Chindogu" bedeutet auf Japanisch „seltsames Gerät". Chindogus sind hervorragende Erfindungen. Ein Chindogu löst ein alltägliches Problem hervorragend und ungewöhnlich. Chindogus sind aber oft auch ziemlich peinlich.

b **Beschreibe, was an Neles Text nicht gelungen ist.**

c **Schreibe genauer: Verbessere Neles Text mit Hilfe der Umstell-, der Ersatz- und der Weglassprobe. Arbeite in deinem Heft.**

2 **Nele hat einen besonderen Hut beschrieben. Ihr Lernpartner hat bereits notiert, welche Informationen dem Leser fehlen. Wende die Erweiterungsprobe an und beschreibe den Hut mit Hilfe der Abbildung genauer. Schreibe den verbesserten Text ins Heft.**

Ein Chindogu

Dieser ? Hut ist sehr praktisch. *Was für ein Hut?*

Wenn Heuschnupfen-Allergiker das Haus verlassen, wird der Taschentuchhalter ? befestigt. *Wo?*

Das längste Taschentuch der Welt rollt sich ? ab. *Wie?*

Die Hutträger können sich ? die Nase putzen. *Wann?*

Der Papiervorrat ? kann immer wieder nachgefüllt werden.

Was für ein Papiervorrat? (Apposition)

Teste dich!

Satzglieder und Attribute

1 **Im folgenden Text sind Satzglieder unterstrichen.**
a Bestimme diese Satzglieder und notiere ihre Bezeichnung unter dem Text. (6 Punkte)
b Einige der unterstrichenen Satzglieder umfassen Attribute.
Kreise diese Attribute ein. (5 Punkte)

Leinwandgöttin mit Erfindergeist

Der Hedy-Lamarr-Preis A wird verliehen für besondere Leistungen von Frauen auf dem Gebiet der Nachrichtentechnik. B Hedy Lamarr, die Namensgeberin, war ein Hollywoodstar der 1930er und 1940er Jahre. C Ihren Tüfteleien verdanken wir das Frequenzsprungverfahren, das heute der LAN- und Bluetooth-Technik zugrundeliegt. D Auf Grund synchroner Frequenzwechsel bei Sender und Empfänger verhindert dieses Verfahren E das Abhören oder Stören eines Funksignals. Hedy Lamarr und ihr Partner George Antheil setzten F während der Datenübermittlung mittels Funk 88 Kanäle ein.

A ______________ B ______________ C ______________

D ______________ E ______________ F ______________

2 **Ordne die bei Aufgabe 1 umkreisten Attribute in die nachfolgende Tabelle ein. (5 Punkte)**

Adjektivattribut	Apposition
______________	______________

Genitivattribut	präpositionales Attribut
______________	______________
	______________

3 **Kreuze für jede Aussage die richtige Ergänzung an. (3 Punkte)**

A Kein Satzglied ist ☐ das Präpositionalobjekt, ☐ die Apposition, ☐ die adverbiale Bestimmung.

B Es gibt keine adverbiale Bestimmung ☐ des Ortes, ☐ des Grundes, ☐ der Präposition.

C Es gibt ☐ keine adverbiale Bestimmung des Genitivs, ☐ kein Genitivattribut, ☐ kein Genitivobjekt.

Vergleiche deine Ergebnisse mit dem Lösungsheft. Für jede richtige Antwort bekommst du einen Punkt.

☺ 19–16 Punkte	😐 15–10 Punkte	☹ 9–0 Punkte
Gut gemacht!	Gar nicht schlecht, aber lies dir die Informationkästen auf den Seiten 54 bis 60 noch einmal genau durch.	Arbeite die Seiten 54 bis 60 noch einmal genau durch.

Satzreihen und Satzgefüge

Information **Wiederholung: Die Satzreihe** (Hauptsatz + Hauptsatz)

Ein Satz, der aus **zwei oder mehr Hauptsätzen** besteht, wird Satzreihe genannt. Die einzelnen Hauptsätze werden durch ein **Komma** voneinander getrennt.
Häufig werden Hauptsätze durch **nebenordnende Konjunktionen** wie *und, oder, aber, doch, sondern, denn* miteinander verbunden. Nur vor den Konjunktionen *und* bzw. *oder* darf das Komma entfallen, z. B.:
Jugendliche Erfinder erhalten Geld, denn die Jury unterstützt ihre Kreativität. (Komma muss stehen)
Die Erfinder-Teams überzeugen die Jury(,) oder sie scheiden bereits in der Vorrunde aus. (Komma kann stehen)

1 **a Setze im folgenden Text die fehlenden Kommas.**
b Unterstreiche die nebenordnenden Konjunktionen in den Satzreihen.

VORSICHT FEHLER!

Die IdeenExpo ist ein Naturwissenschafts- und Technik-Event für Schülerinnen und Schüler diese Veranstaltung findet alle zwei Jahre in Hannover statt. Die Aussteller präsentieren im „größten Klassenzimmer der Welt" Wissenschaft und Technik zum Anfassen und Mitmachen denn sie möchten das Interesse Jugendlicher wecken. Schülerinnen und Schüler können als Besucher zur IdeenExpo reisen aber einige Jugendliche dürfen auch eigene Nachwuchsprojekte präsentieren. Bis zu 25 Schüler-Teams werden als Aussteller eingeladen doch sie müssen vorher ihren Erfindergeist im Wettbewerb „Ideenfang" unter Beweis stellen. Die Sieger vergangener Jahre haben den „sprechenden Schulweg" entwickelt oder sie haben sturmsichere Regenschirme nach dem Vorbild großer Palmblätter konstruiert. Bei der Auswahl der Jury zählen nicht nur eine innovative Idee und deren technische Umsetzung sondern das Projekt muss auf der IdeenExpo auch Möglichkeiten zum Ausprobieren und Mitmachen anbieten. Gefällt dir eher ein ferngesteuerter Rennbesen oder überzeugt dich der solarbetriebene Schlittschuhwärmer?

2 **Füge die folgenden Sätze zu sinnvollen Satzreihen zusammen. Verwende passende nebenordnende Konjunktionen. Tipp: Konjunktionen findest du im Informationskasten oben.**

A Bis 2011 konnten nur Jugendliche aus Niedersachsen am „Ideenfang" teilnehmen. Seit 2013 dürfen alle erfindungsreichen Schülerteams ihre Projekte einreichen.

____

____

B Die Gewinner-Teams der Zwischenrunde erhalten bereits eine Unterstützung in Höhe von 600 Euro. Sie müssen eine Präsentation ihres Projektes für die IdeenExpo vorbereiten.

____

____

C Die Sieger bekommen nicht nur ein Preisgeld. Ihnen wird auch ein Ausflug in die Welt der Technik spendiert.

____

____

Information **Wiederholung: Das Satzgefüge** (Hauptsatz + Nebensatz)

Ein Satzgefüge besteht aus **mindestens einem Hauptsatz (Hs) und einem Nebensatz (Ns).**

- Nebensätze werden vom Hauptsatz immer durch **Komma** getrennt.
- Der Nebensatz wird mit einer **unterordnenden Konjunktion** (z. B. *weil, nachdem, obwohl, wenn, während,* ...) oder mit einem **Relativpronomen** eingeleitet.
- Im Hauptsatz steht die Personalform des Verbs immer an zweiter Satzgliedstelle. Im Nebensatz steht die Personalform des Verbs an letzter Stelle.
- Ein Nebensatz kann vor, hinter oder innerhalb des Hauptsatzes stehen.

Eine Schule wird Erfindergymnasium genannt, weil man dort das Fach „Erfinden" wählen kann.

—— Hs ——,
(Konjunktion) —— Ns ——.

Weil man dort das Fach „Erfinden" wählen kann, wird eine Schule Erfindergymnasium genannt.

—— Hs ——.
(Konjunktion) —— Ns ——,

Eine Schule wird, weil man dort das Fach „Erfinden" wählen kann, Erfindergymnasium genannt.

—— Hs ——, —— Fortsetzung Hs ——.
(Konjunktion) —— Ns ——,

3 a **Umkreise jeweils in beiden Teilsätzen die Personalform des Verbs.**
b **Unterstreiche den Nebensatz.**
c **Markiere die Konjunktion.**
d **Zeichne zu jedem Satz einen Satzbauplan.**

Weil die Schülerinnen und Schüler nichts für unmöglich halten, erfinden sie die tollsten Dinge.

—— Hs ——.
(Konjunktion) —— Ns ——,

A Ein Schüler hat, nachdem er selbst einen Gips tragen musste, einen juckfreien Gipsverband erfunden.

B Eine Gruppe hat ein Handyladegerät für Fahrräder entwickelt, sodass man beim Treten das Handy auflädt.

C Damit die Füße beim Schifahren nicht überraschend erfrieren, wurde ein Erfrierschutzalarm entwickelt.

D Eine Schießautomatik an Hasenställen soll verhindern, dass Marder die Tiere töten.

E Wenn die Tüte mit Schimmelflecken bedruckt ist, wird sicher niemand mehr das Pausenbrot stehlen.

Relativsätze – Attribute in Form eines Nebensatzes

Information **Näher erklären mit einem Relativsatz** (auch: Attributsatz)

Relativsätze sind **Nebensätze, die ein vorausgehendes Bezugswort** (Nomen oder Pronomen) **näher erklären**. Sie werden mit einem **Relativpronomen** eingeleitet, z. B. *der, die, das, welcher, welche, welches.*
Ein Relativsatz wird immer durch ein **Komma** vom Hauptsatz getrennt. Eingeschobene Relativsätze werden durch zwei Kommas abgetrennt, z. B.: *Ein Nebensatz, der ein Bezugswort näher beschreibt, heißt Relativsatz.*
Relativsätze nehmen im Satz die Rolle eines Attributs ein und werden deshalb auch **Attributsätze** genannt.

1 **a** **Setze im folgenden Text die fehlenden Kommas.**
b **Umkreise die Relativpronomen und unterstreiche die Bezugswörter.**

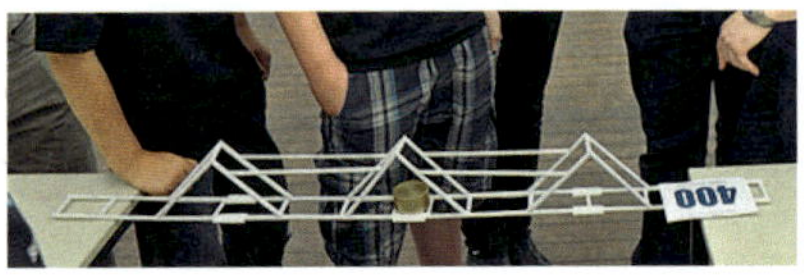

Freestyle-Physics ist ein Schülerwettbewerb, den die Universität Duisburg-Essen durchführt. Hierbei werden jedes Jahr aus dem Bereich der Physik Aufgaben die besonders pfiffige Lösungen benötigen ins Netz gestellt. 2012 musste zum Beispiel eine Brücke aus Papier gebaut werden welche einen Meter Distanz überbrückt und eine Getränkedose trägt. Auch eine Wasserrakete die möglichst lange in der Luft bleibt war gefragt. Beim Finale welches in einem großen Zelt stattfindet werden die besten Ideen präsentiert. Gewinnen werden am Ende die Schülerinnen und Schüler deren Konstruktionen technisch besonders raffiniert sind.

2 **a** **Forme die unterstrichenen Attribute in Relativsätze um.**
b **Umkreise in deinen Sätzen die Relativpronomen. Achte auf die Zeichensetzung.**

A Schülerinnen und Schüler mit Freude am Experimentieren sind bei diesem Wettbewerb gefragt.

Schülerinnen und Schüler, die ______________________

____

B Die nach Duisburg eingeladenen Schülergruppen werden von einem engagierten Lehrer begleitet.

____

____

C Professoren der Universität Duisburg-Essen bewerten die präsentierten Konstruktionen.

____

____

D Am Wettbewerb interessierte Jugendliche finden im Internet unter *www.freestylephysics.de* Informationen.

____

____

Gliedsätze unterscheiden

Mit Adverbialsätzen Zusammenhänge herstellen

Information **Die Adverbialsätze**

Je nach **Funktion im Satz** unterscheidet man unterschiedliche Arten von Nebensätzen. Nebensätze können die Stelle von Satzgliedern übernehmen. Man nennt sie dann auch **Gliedsätze**. **Adverbialsätze** sind Gliedsätze, weil sie die **Stelle einer adverbialen Bestimmung** einnehmen, z. B.:

Wegen eines Fehlers in der Versuchsanordnung stand der Lehrer plötzlich triefnass da.
adverbiale Bestimmung
↓
Weil ein Fehler in der Versuchsanordnung war, stand der Lehrer plötzlich triefnass da.
Adverbialsatz (mit einleitender Konjunktion *weil*)

Adverbialsätze werden meist mit einer **unterordnenden Konjunktion** eingeleitet. Sie können nicht ohne Hauptsatz stehen und werden **immer** durch ein **Komma** von diesem abgetrennt.

1 **Umkreise in den folgenden Sätzen die Konjunktionen und zeichne Satzbaupläne (▶ S. 63).**

Nachdem man ein Glas bis oben mit Wasser gefüllt hat, legt man eine Postkarte darauf.

(Konjunktion) ______ *Ns* ______, ______ *Hs* ______.

A Nun muss man das Glas umdrehen, während man die Postkarte festhält.

B Wenn man jetzt die Postkarte loslässt, bleibt sie am Glas kleben.

2 **a** **Erkläre diesen Vorgang: Verbinde die folgenden Sätze mit Hilfe der angebotenen Konjunktionen zu Satzgefügen. Schreibe diese auf und achte auf die Kommasetzung.**
b **Unterstreiche in deinen Satzgefügen jeweils den Adverbialsatz und umkreise die Konjunktion.**

A Die Postkarte klebt am Glas. Die Luft drückt stärker von unten als das Wasser von oben. | weil |

______

B Die Postkarte sitzt ganz fest am Glasrand. Die Luft kann nicht eindringen. | sodass |

______

C Es darf keine Luft ins Glas kommen. Das Experiment gelingt. | damit |

______

D Der Versuch wird im luftleeren Raum aufgebaut. Das Experiment misslingt. | wenn |

______

Information **Arten von Adverbialsätzen**

Mit der **Frageprobe** kannst du ermitteln, welche **Art von Adverbialsatz** vorliegt:

Adverbialsatz	Frageprobe	Konjunktionen	Beispiel
Temporalsatz (Zeit)	Wann ...? Seit wann ...? Wie lange ...?	*nachdem, als, während, bis, bevor, solange, sobald, seit ...*	*Solange es Menschen gibt*, nutzen sie Wasser.
Kausalsatz (Grund)	Warum ...?	*weil, da*	*Weil Wasser nass ist*, ist es zum Waschen nützlich.
Konditionalsatz (Bedingung)	Unter welcher Bedingung ...?	*wenn; falls; sofern; unter der Bedingung, dass*	*Wenn Wasser fest ist*, eignet es sich zum Kühlen.
Konsekutivsatz (Folge)	Mit welcher Folge ...?	*sodass (auch: so ..., dass)*	Wassermassen sind viel stärker als der Mensch, *sodass Wasser schnell lebensgefährlich werden kann.*
Finalsatz (Absicht, Zweck)	Wozu ...?	*damit*	Menschen stauen Wasser, *damit sie Strom gewinnen können.*
Modalsatz (Art und Weise)	Wie ...?	*indem; dadurch ..., dass; ohne dass; als (ob)*	*Indem Menschen Wasser zum Trinken bereitstellen*, erhalten sie ihre wichtigste Lebensgrundlage.
Konzessivsatz (Einräumung)	Trotz welcher Umstände ...?	*obwohl, obgleich obschon, selbst wenn*	Aber Wasser wird häufig verschwendet, ... *obwohl es lebensnotwendig ist.* ... *selbst wenn es knapp ist.*

3 **a** **Was erklären die unterstrichenen Angaben? Führe die Frageprobe durch und notiere die Fragewörter in der Randspalte.**

b **Prüfe für jede unterstrichene Angabe, worum es sich handelt, und trage ein: aB (adverbiale Bestimmung) oder As (Adverbialsatz).**

Die Haut des Wassers

Beobachtung: Nachdem du ein Glas randvoll mit Wasser gefüllt hast [As], lässt du vorsichtig Münzen ins Wasser fallen. Das Wasser bildet über dem Glas [ ] eine Kuppe und läuft nicht über, obwohl es nun übervoll ist [ ].

Erklärung: Da die Wassermoleküle sich stark anziehen und zusammenhalten, [ ] entsteht an der Oberfläche [ ] eine Art gespannte Haut. Eine solche Oberflächenspannung lässt sich auf den meisten Flüssigkeiten [ ] beobachten. Auf einer glatten Oberfläche [ ] formt sie Tropfen, indem sie Wasser zusammenzieht [ ].

wann?

4 **a Unterstreiche in den folgenden Sätzen die Adverbialsätze.**
b Umkreise darin die Konjunktionen.
c Bestimme mit Hilfe der Frageprobe, um welche Art von Adverbialsatz es sich handelt. Notiere dies.

A Weil Strom für unser Leben sehr wichtig ist, suchen Menschen nach neuen Energiequellen.

Frage: ______

Art des Adverbialsatzes: ______

B Auch die Kraft der Wellen soll seit 200 Jahren genutzt werden, obwohl sie sehr unberechenbar ist.

Frage: ______

Art des Adverbialsatzes: ______

C Die Wellenkraft wird genutzt, indem das Hin und Her des Wassers in eine Drehbewegung verwandelt wird.

Frage: ______

Art des Adverbialsatzes: ______

D Falls allerdings ein Sturm die Wellen hochpeitscht, ist das Wellenkraftwerk schnell in Gefahr.

Frage: ______

Art des Adverbialsatzes: ______

5 **a Unterstreiche im folgenden Text die adverbialen Bestimmungen.**
b Wandle sie in Adverbialsätze um. Verwende passende Konjunktionen und achte auf die Kommasetzung.

A Auf Grund der Oberflächenspannung von Wasser können Wasserläufer über ein Gewässer krabbeln.

Weil ______

B Allerdings gehen die Insekten bei Durchstoßen der „Wasserhaut" unter.

______

C Durch Ausnutzen der Oberflächenspannung kannst du Nadeln oder Büroklammern auf Wasser legen.

______

D Das Experiment mit der schwimmenden Büroklammer scheitert bei Verwendung von Spülmittel.

______

E Wegen der durch das Spülmittel verringerten Oberflächenspannung geht die Büroklammer dann unter.

______

6 ●●●
In Satz A von Aufgabe 5 wird eine Begründung genannt.
Notiere: Wie verändert sich der Satz, wenn du alternativ die Konjunktion „denn" verwendest?
Tipp: Zeichne für beide Satzvarianten Satzbaupläne.

______

7 **Die Notwendigkeit von Wellenkraftwerken soll präzise erklärt werden.**
Trage für jede Äußerung eine Konjunktion ein, die ein inhaltlich sinnvolles Satzgefüge ergibt.

Neues vom Zukunftskongress

Jens Pfiffig berichtet vom Zukunftskongress:
Wellenkraftwerke könnten eine Hauptenergiequelle der Zukunft sein, ...

A ____________________ die Kraft der Wellen in verwertbare Energie umgewandelt wird.

B ____________________ es in der Entwicklung immer wieder große Schwierigkeiten gibt.

C ____________________ die Wellenbewegung sehr viel Energie enthält.

D ____________________ viele Forscher an den bisherigen Modellen weiterarbeiten.

E ____________________ Atomkraftwerke völlig überflüssig werden.

8 ●●● **Zeichne Verbindungslinien zwischen je einem Haupt- und einem Nebensatz, sodass sich inhaltlich richtige Satzgefüge ergeben.**

Die Sea Organ in Kroatien – eine Meeresorgel

A Es wird Luft durch Orgelpfeifen gedrückt,	a wenn Sturm herrscht.
B Die Rohre haben eine genau berechnete Größe,	b seit das Meisterwerk 2005 eröffnet wurde.
C Die Orgel erzeugt ganz unterschiedliche Akkorde,	c indem die Wellen unter den Treppen in verschiedene Rohre fließen.
D So entsteht ein besonders wildes Orgelkonzert,	d sodass harmonische Klänge erzeugt werden.
E Viele Touristen bewundern die Klänge,	e weil die Musik von der Kraft und der Größe der Wellen abhängt.

Information **Mit Temporalsätzen Zeitverhältnisse ausdrücken**

Temporalsätze sind Adverbialsätze, die ein **Zeitverhältnis** ausdrücken. Sie geben an, wann sich das Geschehen im Verhältnis zum Geschehen im Hauptsatz vollzieht. Dabei kann zwischen **Vorzeitigkeit, Gleichzeitigkeit** und **Nachzeitigkeit** unterschieden werden.

Hauptsatz: *Die Schüler erkennen die Gefährlichkeit von Wasser, ...*

Temporalsätze

... *nachdem sie Wasser in heißes Fett geschüttet haben..*
← **Vorzeitigkeit:**
Das Ereignis im Temporalsatz liegt vor dem Ereignis im Hauptsatz.

... *während sie die Fettexplosion beobachten.*
↓ **Gleichzeitigkeit:**
Das Ereignis im Temporalsatz verläuft gleichzeitig mit dem Ereignis im Hauptsatz.

... *bevor sie endlich das Feuer mit einem Glasdeckel ersticken.*
→ **Nachzeitigkeit:**
Das Ereignis im Temporalsatz findet nach dem Ereignis im Hauptsatz statt.

9 **a Unterstreiche im folgenden Text die Temporalsätze.**
b Umkreise die Konjunktionen.

Wasser als Gefahr

Stell dir diese alltägliche Situation vor: Während Ben in der Küche seine Fischstäbchen brutzelt, klingelt sein Handy. Sein Freund Yannick hatte versprochen sich zu melden, sobald er mit den Hausaufgaben fertig ist. Nun plaudern die beiden am Telefon, bis Ben aus der Küche einen beißenden Geruch wahrnimmt. Nachdem er sich hastig von Yannick verabschiedet hat, stürzt Ben zurück an den Herd. Als er die brennende Pfanne sieht, greift er sofort zur Flasche Mineralwasser auf dem Küchentisch. Er schüttet das Wasser auf die verkohlten Fischstäbchen in die Pfanne. Ehe er die Flasche abstellen kann, breitet sich in der Küche ein gewaltiger Feuerball aus.

Brechen wir an dieser Stelle das Gedankenexperiment ab, bevor Ben sich schwere oder sogar tödliche Verletzungen zuzieht. Was ist passiert? In dem Moment, als Ben das Wasser in das brennende Fett geschüttet hat, ist das Wasser schlagartig verdampft. Dabei entstehen aus einem halben Liter Wasser ungefähr 850 Liter Wasserdampf. Der Wasserdampf schleudert das brennende Fett aus der Pfanne heraus, sodass es sich in der ganzen Küche verteilt. Seit Ben im Chemieunterricht Experimente zur Fettexplosion ausgewertet hat, weiß er, wie er auf brennende Pfannen reagieren sollte: Dem Feuer muss mit einem Deckel die Sauerstoffzufuhr entzogen werden.

10 ●●● **Bestimme für jeden Temporalsatz von Aufgabe 9, ob das Ereignis gleichzeitig mit oder vor oder nach dem Ereignis im Hauptsatz stattfindet. Ordne die temporalen Konjunktionen dementsprechend in die Tabelle ein.**

Vorzeitigkeit	Gleichzeitigkeit	Nachzeitigkeit
	während	

Subjekt- und Objektsätze

Information **Nebensätze unterscheiden: Subjektsätze und Objektsätze**

Nebensätze können die Stelle von Satzgliedern übernehmen. Man nennt sie dann auch **Gliedsätze**. Subjektsätze und Objektsätze sind Gliedsätze, weil sie die Rolle des Subjekts bzw. des Objekts für den Hauptsatz übernehmen. Sie lassen sich wie Subjekt oder Objekt durch die Frageprobe ermitteln.

- **Subjektsatz:** Das Subjekt wird von einem Nebensatz gebildet, z. B.:
  Der Lehrer verlässt bei Gefahr zuletzt den Raum. *Wer die Verantwortung hat,* verlässt zuletzt den Raum.
  Subjekt — Subjektsatz (Wer oder was verlässt zuletzt den Raum?)
- **Objektsatz:** Das Objekt wird von einem Nebensatz gebildet, z. B.:
  Er erklärt mögliche Gefahren. Er erklärt, wann Gefahr droht.
  Objekt — Objektsatz (Wen oder was erklärt er?)

Subjekt- und Objektsätze sind Nebensätze und können nicht ohne Hauptsatz stehen.
Sie werden **immer** durch ein **Komma** vom Hauptsatz abgetrennt.
Subjekt- und Objektsätze können auf unterschiedliche Weise gebildet werden, z. B.:

Satzform	**Subjektsatz** (Wer oder was ...?)	**Objektsatz** (Wen oder was ...?)
indirekter Fragesatz	*Wie man im Unterricht möglichst gefahrlos experimentierten kann,* wird genau besprochen.	Das Kollegium überlegt, *ob Experimente mit Feuer für die Schule geeignet sind.*
dass-Satz	*Dass bestimmte Experimente gefährlich sind,* leuchtet jedem ein.	Das Kollegium beschließt, *dass Experimente mit Wasser geeigneter sind.*

1 **a** **Unterstreiche in den folgenden Sätzen die Gliedsätze.**
b **Erfrage, ob es sich jeweils um einen Subjektsatz oder um einen Objektsatz handelt. Notiere die Frage und kreuze an.**

	Subjektsatz	Objektsatz
A Die Schülerinnen und Schüler wissen, dass es auf die Erklärung ankommt. Frage: ______________________	☐	☐
B Der Lehrer wünscht, dass in Gruppen gearbeitet wird. Frage: ______________________	☐	☐
C Wer den Versuch verstanden hat, erklärt ihn den Lernpartnern. Frage: ______________________	☐	☐
D Warum der Versuch misslungen ist, kann niemand nachvollziehen. Frage: ______________________	☐	☐

2 ●●● **Erinnere dich an Experimente mit Wasser, die du als Kind durchgeführt hast. Wähle unter den angebotenen Verben aus und beschreibe deinen Versuch mit Subjekt- oder Objektsätzen. Schreibe ihn im Heft auf.**

Subjekt- und Objektsätze geben den Inhalt z. B. dessen an, was man *weiß, sagt, vermutet, merkt, hofft, wünscht, was klar* oder *unklar ist.*

ausprobieren, ob ... • untersuchen, warum ... • (be)merken, dass ... • sehen dass/wie ...
überlegen, wie/was/wo ... • lernen, dass/wie ... • herausfinden, ob/wie ... • (nicht) wissen, dass/was
beobachten dass/wie ... • vermuten, dass ... • (un)klar sein, ob ... • sich fragen, wie/warum ...

3 **Unterstreiche in der folgenden Versuchsbeschreibung die Objektsätze grün, die Subjektsätze blau.**

Tornado in der Flasche

A Wer folgende Vorbereitungen trifft, kann in einer Getränkeflasche einen kleinen Tornado erzeugen. B Beachtet, dass ihr zwei gleiche Plastikflaschen mit Schraubverschlüssen, Klebstoff und Klebeband, einen Bohrer von 10 mm Durchmesser und Wasser benötigt. C Die beiden Rückseiten der Schraubverschlüsse werden gegeneinander verklebt und genau in der Mitte aufgebohrt. D Wie ihr das Loch in die Verschlüsse bohrt, besprecht ihr bitte mit einem Erwachsenen. E Es ist empfehlenswert, dass ihr den angefertigten Doppelverschluss verstärkt, indem ihr ihn mehrfach mit Klebeband umwickelt. F Eine der Flaschen wird nicht vollständig mit Wasser gefüllt. G Ob ihr dem Wasser Glitzerpulver oder Tinte zugebt, ist eure Entscheidung. H Ihr könnt dann besser erkennen, wie sich das Wasser während des Experiments bewegt. I Mit Hilfe des Doppelverschlusses wird die leere Flasche mit der gefüllten dicht zusammengeschraubt. J Nun dreht ihr die Doppelflasche, damit die gefüllte Flasche oben ist.

Beobachtung: K Ihr stellt fest, dass zunächst nichts passiert. L Wahrscheinlich überrascht es euch, dass kein Wasser aus der oberen in die untere Flasche fließt. M Wenn ihr allerdings die obere Flasche in eine schnelle Kreisbewegung versetzt (siehe Abbildung), könnt ihr beobachten, wie ein trichterförmiger Wasserwirbel entsteht. N Warum Wasser und Luft jetzt ihre Plätze tauschen, erfahrt ihr auf der Seite 72.

4 **Ersetze in den Sätzen E, H, M und N die Gliedsätze jeweils durch ein Satzglied. Du kannst die folgenden Wendungen nutzen, aber auch andere verwenden. Schreibe die Sätze auf.**

das Entstehen eines ... • die Verstärkung des ... • die Gründe für ... • die Bewegung des ...

Satz E: *Sinnvoll ist* ____________________

Satz H: ____________________

Satz M: ____________________

Satz N: ____________________

5 ●●● **Gib die folgenden Äußerungen zusammengefasst wieder. Verwende dazu Subjekt- oder Objektsätze. Schreibe in dein Heft.**

Tarik erzählt: „Gestern habe ich einen Tintenfleck im T-Shirt mit Zitronensaft entfernt!"
„Ach was, das schafft ja nicht einmal unser Fleckenlöser in der Waschmaschine", zweifelt Emma.
Doch Carl bestätigt: „Kann schon sein. Wenn du Backpulver in ein bisschen Wasser auflöst, bleicht das Tinte auch aus."

Subjekt- und Objektsätze werden oft im Zusammenhang mit der **Wiedergabe von Äußerungen Dritter** verwendet, z. B.: *Carl erklärt, wie man Tintenflecken entfernen kann.*

Texte überarbeiten: „weil" als Fehlerquelle

Methode **Satzbaufehler nach „weil"**

„Weil" ist eine unterordnende Konjunktion (▸ S. 63). Sie leitet einen Nebensatz ein, genauer: einen Kausalsatz (▸ S. 66). Im **Nebensatz** steht die **Personalform des Verbs an letzter Stelle.**

Erklärung zum Experiment „Tornado in der Flasche" (▸ S. 71)

1 **Lies den folgenden Satz. Die Lehrerin hat einen Fehler angestrichen.**
a Erkläre den Fehler.
b Schreibe den verbesserten Satz auf.

VORSICHT FEHLER!

Im ruhigen Zustand kann kein Wasser aus der oberen Flasche nach unten ablaufen, weil die Luft kann in der unteren Flasche nicht entweichen. Sb

Erklärung: ______

Verbesserung: ______

______

2 **Im folgenden Textauszug wiederholen sich die Satzanfänge. Verbessere die Sätze so:**
a Tausche in Satz A die Konjunktion „weil" gegen eine sinngleiche, andere Konjunktion aus.
b Verändere im Satzgefüge B die Stellung von Hauptsatz und Nebensatz.
c Forme den Satz C in eine Satzreihe mit der nebenordnenden Konjunktion „denn" um.

VORSICHT FEHLER!

A *Weil das Wasser in eine kreisende Bewegung versetzt wurde, wirken Fliehkräfte.* Wdh

B *Weil die Fliehkräfte das Wasser an die Außenwand drücken, kann sich in der Mitte ein Luftkanal bilden.*

C *Weil das Wasser jetzt das Loch im Doppelverschluss nicht mehr verschließt, hat die Luft Platz, nach oben zu steigen.*

Satz A: ______

Satz B: ______

Satz C: ______

3 **Überprüfe den logischen Zusammenhang zwischen Hauptsatz und Nebensatz.**
Wähle eine passende Konjunktion: Kreuze an.

Ähnliche Wasserstrudel kennen wir aus dem Alltag. Zum Beispiel nähert sich ein schwimmender Fussel so lange spiralförmig dem Abflussloch, weil er schließlich verschluckt wird. Logik?

☐ damit ☐ indem ☐ bis ☐ obwohl

VORSICHT FEHLER!

4 **Finde in diesem Satz selbst den Fehler und streiche ihn an.**

Wirbel aus Luft werden „Tornados" genannt weil das spanische Verb „tornar" im Deutschen „drehen" bedeutet.

Teste dich!

Satzgefüge

1 **Lies vor Bearbeitung der weiteren Aufgaben die folgende Versuchsbeschreibung.**

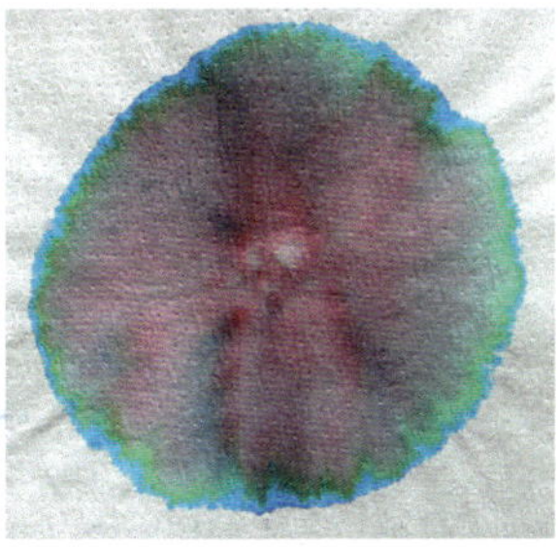

Versuch: Buntes Schwarz

A Du benötigst mehrere wasserlösliche schwarze Filzstifte, Löschpapier, etwas Wasser, einen alten Teller und eine Pipette. B Falls du keine Pipette hast, kannst du auch vorsichtig von einem Löffel tropfen. C Bevor du beginnen kannst, musst du aus dem Löschpapier einen tellergroßen Kreis ausschneiden.
D Damit dein Tisch sauber bleibt, lege nun das Löschpapier auf den Teller.
E Male in der Mitte mit dem schwarzen Stift ein Muster, das höchstens einen Durchmesser von zwei Zentimetern hat. F Tropfe nun Wasser in die Mitte des Löschpapiers, ohne dass das ganze Papier nass wird. G Jetzt kannst du beobachten, was auf dem Papier passiert!

Beobachtung: H Nachdem sich die ersten Tropfen in das Löschpapier gesaugt haben, entsteht ein interessantes Muster. I Das Schwarz wird mit dem Wasser auf dem Papier verteilt. J Die Farbe verändert sich, während das Wasser sich nach außen verteilt.

Erklärung: K Schwarz besteht aus verschiedenen Farben. L Diese Farben werden bei dem Experiment getrennt, indem die Farbe in Wasser gelöst wird. M Die unterschiedlichen Farben lösen sich aber unterschiedlich gut im Wasser, sodass die einen schneller, die anderen langsamer auf dem Löschpapier bewegt werden. N Dadurch sieht man sie auf dem Löschpapier jetzt nebeneinander, und man kann nun erkennen, aus welchen Farben der Schwarzstift besteht.

2 **Die folgenden Buchstaben beziehen sich auf die Versuchsbeschreibung von Aufgabe 1. Bestimme für jeden angegebenen Satz die Art des Gliedsatzes. (6 Punkte)**

Satz B ____________________ Satz G ____________________

Satz D ____________________ Satz L ____________________

Satz F ____________________ Satz M ____________________

3 **Die Versuchsbeschreibung von Aufgabe 1 enthält drei Temporalsätze: Bestimme ihr Zeitverhältnis zum Hauptsatz und trage die Buchstaben richtig ein. (3 Punkte)**

Vorzeitigkeit: ____ Gleichzeitigkeit: ____ Nachzeitigkeit: ____

4 **Ein Satzgefüge der Versuchsbeschreibung enthält einen Relativsatz. Notiere seinen Buchstaben und wandle den Relativsatz in ein Attribut um. Schreibe den neuen Satz auf. (2 Punkte)**

Satz ____ : ____

Vergleiche deine Ergebnisse mit dem Lösungsheft. Für jede richtige Antwort bekommst du einen Punkt.

☺ 11–9 Punkte	😐 8–6 Punkte	☹ 5–0 Punkte
Gut gemacht!	Gar nicht schlecht, aber lies dir die Informationskästen auf den Seiten 63 bis 72 noch einmal genau durch.	Arbeite die Seiten 63 bis 72 noch einmal genau durch.

Was kannst du schon? – Rechtschreibung

1 **Unterstreiche im folgenden Text zehn Wörter, die großgeschrieben werden müssen. (10 Punkte)**

VORSICHT FEHLER!

Die Freizeitgestaltung von kindern in deutschland ist sehr vielfältig. Diese richtet sich nach persönlichen interessen, Begabungen und dem Angebot im näheren wohnumfeld. Auch freunde und die Eltern haben einfluss auf die Wahl der Freizeitaktivitäten. Kinder orientieren sich hierbei auch manchmal an vorbildern aus dem Bereich des Sports oder der literatur. Je nach alter, Geschlecht und Schulart haben Kinder ein unterschiedliches maß an Freizeit.

2 **Prüfe für die unterlegten Wörter, ob es sich um Nominalisierungen handelt und umkreise den richtigen Anfangsbuchstaben. (7 Punkte)**

Eine beliebte Freizeitaktivität ist das T/treffen mit Freunden und das gemeinsame S/spielen. Hierbei ist durchaus auch mal E/entspannen angesagt. Oftmals wollen Kinder mit Freunden auch zusammen F/fernsehen oder am Computer S/spielen. Auch die Teilnahme an Freizeitangeboten von Vereinen muss man beim genaueren B/betrachten des Freizeitverhaltens von Kindern B/berücksichtigen.

3 **In diesem Text verstecken sich fünf Adjektive, die kleingeschrieben werden müssen. Umkreise sie. (5 Punkte)**

VORSICHT FEHLER!

Die Frage, welche Freizeitaktivität die Beliebteste ist, kann man nur Schwer beantworten. Jüngere Kinder verbringen ihre Freizeit auch noch gern mit ihrer Familie und möchten am Liebsten etwas Schönes zusammen machen. Ab etwa zwölf Jahren ist der Freundeskreis als Bezugsgruppe am Wichtigsten. Das Größte ist dann für viele Jugendliche das Gemeinsame Sporttreiben in Vereinen.

4 **Trenne die Wörter und schreibe diesen Satz in richtiger Groß- und Kleinschreibung auf. (1 Punkt)**

____

____

5 **Trage im folgenden Text die fehlenden Konsonanten ein. (10 Punkte)**

Nicht a____e Jugendlichen wi____en mit ihrer freien Zeit etwas Intere____antes anzufangen.

Einige hä____en mü____isch in ihrem Zi____er herum, ohne irgendetwas anzupa____en.

Auf der a____deren Seite gibt es viele, die gestre____t von einem Termin zum nächsten he____en.

6 **Prüfe die Schreibweise der folgenden Wörter und trage sie richtig in die nachfolgende Tabelle ein. (10 Punkte)**

Minu?te Ra?men Za?l pla?nen ausfü?rlich Belo?nung

Wo?l befe?len erle?ben fa?ren

Wörter mit einfachem Vokal	Wörter mit Vokal und h

7 **Schreibe die folgenden Wörter auf. Was ist richtig: ie, i oder ih? (9 Punkte)**

Ti?r Ki?no zi?rlich verdi?nen gratuli?ren Ti?ger si?ben wi?r i?m

8 **Ist der i-Laut in den unterstrichenen Wörtern richtig geschrieben? Kreuze an, ob seine Schreibweise einen Fehler enthält oder nicht. (5 Punkte)**

VORSICHT FEHLER!

	ein Fehler	kein Fehler
A Den Rat des Trainers nahm Sabrina nih gern an.	☐	☐
B Das Turnier war dennoch wider Erwarten erfolgreich.	☐	☐
C Solch ein Sportereignis sollte nun öfter wiederholt werden.	☐	☐
D Diesem Vorschlag trat niemand entgegen.	☐	☐
E „Man siht“, sprach der Trainer, „ich habe immer Recht!“	☐	☐

9 **a** **Achte auf den s-Laut: Jeweils ein Wort in jedem Block ist falsch geschrieben. Streiche es durch. (6 Punkte)**

VORSICHT FEHLER!

A genießen – Genuß – genüsslich – niesen

B Schluß – schließen – Schloss – Verdruss

C Kaufhaus – las – Preisschild – Strauss

D Badespass – nass – Wasser – heiß

E Grüße – Grasmatte – Fussstapfen – blass

F Strassenkreuzung – fahrlässig – rasen – aufpassen

b **Schreibe die gestrichenen Wörter in der richtigen Schreibweise auf. (6 Punkte)**

10 **a** **Überprüfe deine Lösungen mit Hilfe des Lösungsheftes. Für jede richtige Antwort bekommst du einen Punkt.**
b **Trage ein, wie du die Aufgaben bewältigt hast: ✔ = das Meiste richtig ? = noch etwas unsicher**

Aufgabe	1 ☐	2 ☐	3 ☐	4 ☐	5 ☐	6 ☐	7 ☐	8 ☐	9 ☐
Weitere Übungen	Seite 76	Seite 77	Seite 78	Seite 76–80	Seite 87–89	Seite 90–91	Seite 93–94	Seite 93–94	Seite 97–99

Groß-und Kleinschreibung

Wiederholung: Nomen erkennen

Information **Nomen an ihren Begleitwörtern erkennen**

Satzanfänge und Nomen (zu denen auch Namen gehören) werden **großgeschrieben**. Nomen kann man im Satz meist an einem Begleitwort oder mehreren Begleitwörtern erkennen, die ihnen vorausgehen. Mögliche **Nomenbegleiter** sind:

1 ein **Artikel**, z. B.: *das Kind, ein Recht.*
2 ein **Pronomen** (Possessivpronomen, Demonstrativpronomen, Indefinitpronomen), z. B.: *meine Herkunft, diese Länder.* Indefinitpronomen geben eine ungefähre Menge oder Anzahl an, z. B.: *alle Rechte, viele Chancen.*
3 ein **Adjektiv**, z. B.: *eine interessante Veranstaltung, große Übereinstimmung, vierzig Jahre, vier Jahrzehnte.*
4 eine **Präposition**, die mit einem Artikel verschmolzen sein kann, z. B.: *bei Beachtung, beim (bei dem) Tor, im (in dem) Kino.*

1 **a** **Unterstreiche im folgenden Text alle Nomen sowie, wo vorhanden, ihre Begleitwörter.**
b **Notiere unten: Wie viele der Nomen haben kein direktes Begleitwort?**
c **Prüfe für jedes Nomen mit Begleitwörtern: Wie viele Begleitwörter hat es? Welche sind dies? Notiere dein Ergebnis: Trage die Ziffern aus dem Informationskasten in der Randspalte ein.**

Im Text gibt es 1 Nomen ohne direktes Begleitwort.

Gibt es ein Grundgesetz für Kinder?

1	4

Über zwanzig Jahre gibt es die UN-Kinderrechtskonvention. Sie ist 1989 von den meisten Ländern der Welt beschlossen worden. Jedes Recht, das hier festgeschrieben wurde, gilt für alle Kinder, unabhängig von ihrer Herkunft, ihrer Hautfarbe und ihrem Geschlecht. Auch wenn diese Grundrechte noch nicht in jedem Land geachtet werden und manchen Kindern noch viele Ungerechtigkeiten widerfahren, gibt die Konvention Ziele vor, die überall auf der Welt gelten. Das Abkommen soll erreichen, dass für alle Kinder zum Beispiel das Recht auf Gleichheit, Ernährung, Wohnung, medizinische Versorgung und Bildung verwirklicht wird. Ein Artikel lautet sogar: „Jedes Kind hat ein Recht auf Freizeit, Spiel und Erholung.“ Jedes Jahr findet ein Weltkindertag statt, an dem auch mit gemeinsamen Spielen auf die Rechte von Kindern aufmerksam gemacht wird.

Nominalisierungen

Information **Nominalisierung: Großschreibung von Verben und Adjektiven**

Verben oder Adjektive schreibt man **groß**, wenn sie **im Satz als Nomen verwendet** werden. Diesen Vorgang nennt man **Nominalisierung**, z. B.: *ein Lärmen, das Beste, unser Ausprobieren, freundliches Lächeln, viel Unterhaltsames, durch Lesen, beim Spielen.*

Du erkennst nominalisierte Wörter an denselben **Nomenbegleitern** (▶ S. 76) wie ein Nomen. Nicht immer wird ein nominalisiertes Wort durch einen Nomenbegleiter angekündigt.

Prüfe in Zweifelsfällen **mit der Erweiterungsprobe**: Wenn du vor einem Wort einen Nomenbegleiter einfügen kannst, ist das Wort ein Nomen oder eine Nominalisierung, z. B.:

Jedes Klicken ermöglicht ↓ *das* *Einschätzen besser.* *oder* *... ermöglicht* ↓ *richtiges* *Einschätzen besser.*

Tipp: Beim Schreiben kannst du das Begleitwort in Gedanken einfügen.

1 **Prüfe mit Hilfe der Nomenbegleiter im Text, ob es sich bei den markierten Verben und Adjektiven um eine Nominalisierung handelt. Umkreise den richtigen Anfangsbuchstaben.**

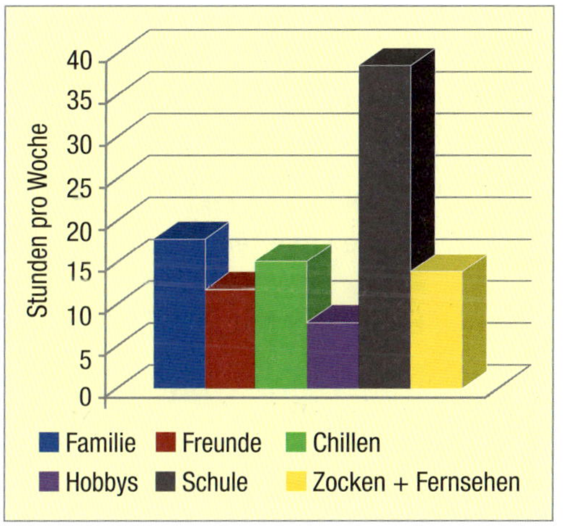

Weltkindertag: Kinder haben viel zu tun

Zum V/verstehen der Forderung „Kinder B/brauchen Zeit" ist ausführliches E/erläutern kaum notwendig. Das Ergebnis einer Online-Umfrage des Deutschen Kinderhilfswerks e. V. im Jahr 2012 zeigt wenig R/rätselhaftes und spricht im W/wesentlichen für sich. Ziel der Befragung war das E/erforschen des Zeitmanagements junger Menschen. Die Frage „Wie verbringt ihr eure Zeit?" haben rund 2000 Kinder und Jugendliche bis 18 Jahre in einem Wochenplan B/beantwortet. Die Eingabe erfolgte durch gezieltes D/drücken verschiedenfarbiger Buttons.

2 **Prüfe die Schreibweise der unterstrichenen Wörter: Wende die Erweiterungsprobe an, wie im Informationskasten erklärt. Umkreise den richtigen Anfangsbuchstaben und begründe deine Entscheidung über der Zeile.**

Jede Aktivität konnte man durch ↓ *das* a/Auswählen einer bestimmten Farbe ↓ *---* f/Festlegen. Der Button für Zeiten mit Freunden war in r/Rot gehalten. Für die Familie stand b/Blau. Sehr viele junge Menschen lieben f/Fernsehen oder s/Spielen am Computer. Die Farbe dafür war g/Gelb. Am i/Interessantesten beim b/Befragen war das zu erwartende Ergebnis. Schließlich wissen junge Menschen selbst am b/Besten, welches v/Verwirklichen von Ideen s/Spaß machte.

Methode **Mit der Erweiterungsprobe Zweifelsfälle klären**

Um in einem Satz Wortdoppelungen zu vermeiden, können Wörter, z. B. Nomen, weggelassen werden. Das verbliebene Adjektiv kann dann ein **Attribut** (► S. 58) sein. Es wird **kleingeschrieben**, weil es sich auf ein vorangehendes Nomen bezieht. Dies gilt auch, wenn vor dem Adjektiv ein Nomenbegleiter steht, z. B.:

Viele Jugendliche zeigten ein großes Interesse, aber die Mehrheit zeigte ein geringes.

Beim Schreiben hilft die **Erweiterungsprobe**, solche Zweifelsfälle zu klären:

Interesse

Viele Jugendliche zeigten ein großes Interesse, aber die Mehrheit ein geringes ▼.

3 **Führe die Erweiterungsprobe durch und kläre die Schreibweise für die markierten Wörter. Umkreise den richtigen Anfangsbuchstaben und begründe die Schreibweise über der Zeile.**

Button

Der rote Button symbolisierte in der Online-Umfrage die Hobbys und der s/Schwarze ▼ die Schule. Der r/Rote war der l/Leuchtende und der v/Verlockende unter all den Buttons, er war mit Abstand der b/Beste. Er war in den Augen der Befragten durchaus der a/Attraktivste von den bunten Knöpfen. Insgesamt wurden jedoch die schwarzen Felder häufiger angeklickt als die r/Roten. Warum nur?

4 **Schreibe den folgenden Text mit richtiger Groß- und Kleinschreibung ins Heft ab. Tipp: Wende die Erweiterungsprobe an, wenn du unsicher bist.**

MEHR ZEIT FÜRS NICHTSTUN

FÜR DEN ERSTEN KINDER- UND JUGENDREPORT, HERAUSGEGEBEN IM JAHR 2010 FÜR DIE VEREINTEN NATIONEN, BEWERTETEN IN DEUTSCHLAND TAUSENDE JUNGE MENSCHEN, WIE DAS UMSETZEN DER KINDERRECHTE FÜR IHR LEBEN IN DER FREIZEIT GEGLÜCKT IST: MEHR ALS ZWEI DRITTEL VERGABEN DAFÜR SEHR GUTE ODER GUTE NOTEN. NUR WENIGER ALS ZEHN PROZENT WAREN NICHT ZUFRIEDEN. ES IST SEHR UNTERSCHIEDLICH, WIE VIEL FREIZEIT KINDER UND JUGENDLICHE VERFÜGBAR HABEN. EIN SCHWANKEN ZWISCHEN EINER UND WEIT ÜBER SECHS STUNDEN AM TAG IST BEOBACHTBAR. DIE MEISTEN DER BEFRAGTEN VERFOLGEN VIELSEITIGE FREIZEITINTERESSEN. SEHR VIELE DER KINDER UND JUGENDLICHEN GABEN LESEN, ZEICHNEN, SCHREIBEN UND BASTELN ALS BELIEBTE AKTIVITÄTEN AN. NOCH BELIEBTER IST JEDOCH ZEIT MIT DEN FREUNDEN. ERST DANACH FOLGEN SPORTVEREINE, SPIELEN IM FREIEN ODER DADDELN AM COMPUTER. ALLE MITEINANDER WÜNSCHEN SIE SICH JEDOCH MEHR ZEIT FÜR SCHÖNES UND RUHE NEBEN DER SCHULE.

5 **Lasse dir den folgenden Text von einer Lernpartnerin oder einem Lernpartner diktieren. Tipp: Überprüfe deinen Text sorgfältig mit Hilfe der Lösungen, um deine Fehlerschwerpunkte bei der Großschreibung zu erkennen.**

Jugendliche wollen mitbestimmen

Die für den Kinder- und Jugendreport Befragten wissen Fürsorge und Fördern ihrer Fähigkeiten sehr zu schätzen. Dennoch wünschen sie sich mehr Raum für selbstorganisiertes Handeln. Am liebsten möchten sie ihre Zeit in Jugendgruppen verbringen. Für größere Gruppen fehlen jedoch kostenlose Räume, in denen zwanglose Treffen, Gespräche, das Hören von Musik oder gemeinsames Spielen möglich sind. Im Sommer würde ihnen ein zumindest teilweises Öffnen von Schulhöfen schon weiterhelfen.

Groß- und Kleinschreibung bei Zeitangaben

Information **Groß- und Kleinschreibung bei Tageszeiten und Wochentagen**

Bezeichnungen für Wochentage und Tageszeiten werden
- **großgeschrieben, wenn sie Nomen sind.** Du erkennst sie an den **Nomenbegleitern**, z. B.: *der Donnerstag, eines Morgens, am Abend, jeden Sonntag, nächsten Mittwoch.*
- **kleingeschrieben, wenn sie Adverbien sind,** z. B.: *gestern, heute, zeitweise, morgens, sonntags.*

1 **Schreibe die in Großbuchstaben angegebenen Zeitangaben in der richtigen Schreibweise in die Lücken.**

Schlafen am Nordpol – eine Freizeitbeschäftigung

Bei einem Volk im Norden Kanadas, den Inuit, ärgern sich die Eltern nicht, wenn ihre Kinder am MORGEN __________ nicht FRÜH __________ aus dem Bett kommen. Im Gegenteil, sie ermuntern diese beinahe jeden TAG __________, fast bis zum MITTAG __________ liegen zu bleiben. Das ist für die Mädchen und Jungen MEISTENS __________ traumhaft. Diese Gewohnheit verschwindet jedoch HEUTZUTAGE __________ immer mehr. Aber FRÜHER __________ war sie nützlich, damit man fit für die Robbenjagd war, die OFTMALS __________ TAGE __________, z. B. von MONTAG bis MITTWOCH, __________ dauerte. Da die Jäger am ABEND __________ nicht zum Schlafen nach Hause gingen, gewöhnten sie ihre Kinder schon FRÜHZEITIG __________ daran, auf Vorrat zu schlafen. Im tiefsten Winter darf der Nachwuchs auch HEUTE __________ noch lange ausschlafen und brauchen nicht vor MITTAG __________ aufzustehen. Die Inuit glauben an zwei Seelen des Menschen, die „Lebensseele" und die „Schlafseele". Wenn man zu PLÖTZLICH __________ aufwacht, gefährdet man seine Schlafseele, die MORGENS __________ in den Körper zurückkommen möchte, den sie NACHTS __________ verlassen hat.

2 **Beschreibe deine Schlafgewohnheiten im Heft in einem kurzen Text:**
●●● **Verwende dazu die angebotenen Bezeichnungen für Tageszeiten und Wochentage.**

AN WERKTAGEN • MORGENS • JEDEN SONNTAG • BIS IN DEN SPÄTEN MORGEN • SAMSTAGS
AM ABEND • NACHMITTAGS • AM NÄCHSTEN MORGEN • MONTAGS • MITTAGS

Information **Kombinierte und zusammengesetzte Zeitangaben**

- Bei **kombinierten Angaben** schreibt man die **Adverbien klein** und die **Nomen groß**, z. B.: *heute Morgen, gestern Abend, morgen Mittag.*
- **Zusammengesetzte Zeitangaben** aus Wochentag und Tageszeit schreibt man
  – als **Nomen groß,** z. B.: *der Mittwochnachmittag, am Montagmorgen,*
  – als **Adverbien klein,** z. B.: *mittwochnachmittags, montagmorgens.*

3 **Tim erklärt Stefan per SMS, was er die Woche über vor hat: Wann kann er Stefan treffen? Schreibe Tims Antwort-SMS auf und verwende die Zeitangaben im Schülerkalender in der angegebenen Reihenfolge. Achte auf die richtige Schreibweise und auf abwechslungsreiche Satzanfänge.**

SCHÜLERKALENDER

Montag	Donnerstag
18:00 Uhr Fußball-Training	16:00 Uhr Englisch lernen
(wie jeden Montag!)	mit Paul für KA
Dienstag	**Freitag**
14:30 Uhr Kino mit Maike?	ab 15:00 Uhr frei!!!
Mittwoch	**Samstag/Sonntag**
14:00 Uhr Geocaching-AG (wie immer!)	Sa 8:00 Uhr
19:00 Uhr Essen mit Opa	Muckibude/Krafttraining

~~MORGENABEND~~ • MONTAGS • ÜBERMORGENAMMITTAG • SPÄTNACHMITTAGS
MITTWOCHMITTAGAB14:00UHR • AMMITTWOCHABEND • DONNERSTAGAMSPÄTNACHMITTAG
AMFREITAG • AMSAMSTAGFRÜHMORGENS • AMNACHMITTAG • DENGANZENTAGÜBER

Hallo Stefan,

leider kann ich morgen Abend nicht, da

Teste dich!

Groß- und Kleinschreibung

1 Erkläre für jede weitere unterstrichene Wendungen in diesem Text kurz die Schreibweise. (4 Punkte)

Sommer-Vorlesungen für Schülerinnen und Schüler
In den Ferien macht bekanntlich nicht nur A das Faulenzen Spaß. B Etwas Außergewöhnliches können Jugendliche erleben, wenn sie C tagsüber in die Sommer-Uni gehen und den interessanten Vorträgen zuhören. Gut gefiel den jungen Zuhörern D heute Morgen die Vorlesung über die Geschichte der Raumfahrt, aber der Vortrag über die Frühzeit des Automobils war mit Abstand E der beste.

A: Nominalisierung eines Verbs, ______________________

____

2 Überlege, ob die Adjektive und Verben in den Rahmen groß- oder kleingeschrieben werden müssen. Setze alle Wörter in der richtigen Schreibweise in die Lücken ein. (10 Punkte)

Als etwas ______ [aufregendes], so berichten Max und Julian ganz ______ [begeistert], erlebten die Zuschauer 1769 den ersten Dampfwagen in Paris. Ganz ______ [schwindelig] sei ihnen beim ______ [betrachten] dieses ______ [gewaltigen] Ungeheuers geworden, das aus unserer heutigen Sicht so langsam wie eine Schnecke gewesen sein müsse. Obwohl Nicholas Cugnot darauf vorbereitet war, dass etwas ______ [überraschendes] passieren könnte, hatte er wohl nicht damit gerechnet, dass das ______ [fahren] eines Autos solch ein ______ [schwieriges] Unternehmen sein könnte. Er sei zum ______ [entsetzen] seiner Zuschauer gegen eine Mauer gefahren, habe jedoch ______ [überlebt].

3 Streiche die sieben falsch geschriebenen Zeitangaben durch und schreibe sie verbessert auf. (7 Punkte)

am frühen Morgen   morgen Früh   gestern abend   am Montag
donnerstags Nachmittags   Freitags   jeden Dienstag
Dienstag abends   übermorgen   gestern mittag   spät Nachts

VORSICHT FEHLER!

____

____

Vergleiche deine Ergebnisse mit dem Lösungsheft. Für jede richtige Antwort bekommst du einen Punkt.

☺ 21–18 Punkte	😐 17–12 Punkte	☹ 11–0 Punkte
Gut gemacht!	Gar nicht schlecht, aber lies dir die Informationskästen auf den Seiten 76 bis 80 noch einmal genau durch.	Arbeite die Seiten 76 bis 80 noch einmal genau durch.

Getrennt- und Zusammenschreibung

Information **Wortgruppen aus Nomen und Verb**

Wortgruppen aus **Nomen und Verb** können immer getrennt geschrieben werden, z. B.:
Tisch schrubben, Schlange stehen, Angst haben, Feuer machen.
Achtung: Werden sie nominalisiert, schreibt man sie zusammen und groß, z. B.:
Das Tischschrubben machte Svenja mehr Spaß als rußiges und verräuchertes Feuermachen.

1 **Verbinde die Nomen und Verben durch Linien zu sinnvollen Wortgruppen aus Nomen + Verb.**

Öfen	Zimmer	Kleidung	Betten	Petroleumlampen	Tisch	Wasser	Socken
ausbessern	anfeuern	machen	ausfegen	abräumen	holen	putzen	stopfen

2 **Setze die Wortgruppen von Aufgabe 1 passend in den folgenden Text ein.**

Abenteuer 1900

Die 17-jährige Svenja nahm an der Fernsehserie „Abenteuer 1900“ teil, in der 20 Personen für zwei Monate in einem speziell dafür eingerichteten Gutshaus unter Bedingungen wie um 1900 lebten. Svenja hatte als Hausmädchen dort harte Arbeitstage: Am frühen Morgen musste sie für die Herrschaften in schweren Eimern ______________ und in allen Zimmern die ______________, damit es warm wurde. Während die Familie in Ruhe frühstückte, räumte sie deren Schlafzimmer auf, sie musste die ______________ und die ______________. Weil es im Haus kein elektrisches Licht gab, musste sie außerdem die ______________. Nach jeder Mahlzeit sollte sie den ______________. Weil ständig irgendetwas kaputtging, musste sie jeden Tag auch ______________ und ______________.

3 ●●● **Svenja mag Putzen nicht, aber sie repariert gern etwas: Überlege, welche Tätigkeiten Svenja wohl schwergefallen sind und welche ihr am besten gefallen haben könnten.**
Formuliere jeweils einen Satz mit zwei nominalisierten Wortgruppen aus Nomen + Verb.

Das ______________ und das ______________
sind Svenja sicher schwergefallen.
____

Information **Wortgruppen aus Verb und Verb**

Wortgruppen aus **Verb und Verb** können immer **getrennt geschrieben** werden, z. B.:
baden gehen, kennen lernen, besuchen kommen, gelobt werden.
Achtung: Werden sie nominalisiert, schreibt man sie zusammen und groß, z. B.:
Dienstboten hatten wenig Gelegenheit zum Badengehen, manch einer roch darum ein wenig streng.

4 **Bilde aus den angebotenen Verben Wortgruppen aus Verb + Verb, die den Text sinnvoll ergänzen. Setze sie ein.**

bleiben • vorübergehen • gehen • putzen
gehen • holen • ~~müssen~~ • essen • ~~gewöhnen~~
üben • baden • stehen • lassen • gehen

Als Dienstmagd im Gutshaus

Svenja hat sich erst daran gewöhnen müssen, den Anweisungen der Mamsell stets wortlos Folge zu leisten. So musste sie stundenlang ____________, bis die Mamsell zufrieden war, und täglich so oft Wasser ____________, bis es für alle Hausbewohner reichte. Sie musste von morgens bis abends nur arbeiten. Während die Herrschaften in den prunkvollen Speisesaal ____________ durften, aßen die Dienstboten in der Gesindeküche. Die Dienstboten durften nur einmal in der Woche ____________ und mussten sich das Badewasser teilen. Wenn sie dem Gutsherrn begegneten, mussten sie sofort ____________ und ihn respektvoll ____________.

5 **Setze in die Lücken den passenden Ausdruck + „sein" ein.**

bereit • anstrengend • vorbei • fertig
bequem • erschöpft

Wortgruppen mit „sein" werden immer getrennt geschrieben, z. B.: *da sein, leid sein, zurück sein, froh sein, zufrieden sein.*

Svenja musste morgens schon um 5:00 Uhr aufstehen und sofort ____________, mit den Hausarbeiten zu beginnen. Im Lauf des Tages durfte sie nie ____________ und eine Pause machen. Am Abend musste Svenja mit allen ihren Aufgaben ____________, bevor sie ins Bett gehen durfte. Insgesamt musste Svenja feststellen, dass das Leben als Dienstmädchen ziemlich ____________ kann. Dass das Leben einer Schülerin im 21. Jahrhundert hingegen sehr ____________ kann, wurde ihr durch das Leben im Gutshaus erst so richtig klar. Bald werden die zwei Monate im Gutshaus aber ____________.

Information **Wortgruppen aus Adjektiv und Verb**

- Wortgruppen aus Adjektiv und Verb werden **meist getrennt geschrieben**, z. B.: *übrig bleiben, freundlich tun, gut verdienen, klar denken.*
- Entsteht durch die Verbindung von Adjektiv und Verb ein **Wort mit einer neuen Gesamtbedeutung, schreibt man zusammen**, z. B.: *richtigstellen* (= berichtigen), *schwerfallen* (= Mühe bereiten), *blaumachen* (= schwänzen).

In Zweifelsfällen hilft dir die **Ersatzprobe**: Wenn man das Adjektiv austauschen kann, werden Adjektiv und Verb getrennt geschrieben, z. B.: *Der Mann ist schwer gefallen. → Der Mann ist schlimm gefallen. Kerstin hat den Stuhl blau gemacht. → Sigrid hätte ihn grün gemacht.*

6 **Kläre für die folgenden beiden Sätze, welche Schreibweise von „sicher?gehen" jeweils richtig ist. Achte auf die unterschiedlichen Bedeutungen.**

A Im Gutshaus wollten alle Beteiligten ____________________, dass das Projekt gut läuft.

B Abends war das Personal häufig so erschöpft, dass es kaum noch ____________________ konnte.

7 **Prüfe bei den folgenden Sätzen, ob zusammen oder getrennt geschrieben werden muss, und fülle die Lücken entsprechend aus.**

Als Kind im Gutshaus leben

Die zehnjährigen Zwillinge Lennard und Ansgar waren als Kinder des Gutsherrn die Jüngsten im Gutshaus. Ein Hauslehrer unterrichtete sie, bei dem sie ____________________ [gut?schreiben] und ____________________ [richtig?rechnen] mussten. Bei ihm durften sie nicht ____________________ [blau?machen]. Schließlich wollte der Lehrer ____________________ [sicher?gehen], dass sie auch die französische Sprache und das Klavierspielen ____________________ [gut?lernen]. Dabei stellte sich heraus, dass das Zehnjährigen ziemlich ____________________ [schwer?fallen] kann. Natürlich konnten die Jungen im Gutshaus nicht ____________________ [fern?sehen], dafür durften sie nachmittags aber reiten oder im Garten spielen.

8 ●●● **In den folgenden Buchstabenschlangen versteckt sich jeweils eine Wortgruppe aus Adjektiv + Verb, die eine neue Gesamtbedeutung hat. Male die entsprechenden Buchstaben aus.**

ANVERUGUSTERSCHWARZFAHRENTERUNVERO

BEGETIEFKÜHLENANSUBERAFTGELETZGKTEE

ABULEGEKKENTEWERPSSCHIEFGEHENLLÖPST

Information **Wortgruppen aus Adverb und Verb, Präposition und Verb**

1 Wenn **Adverb und Verb in der Grundform zusammengeschrieben** werden, liegt die **Hauptbetonung** in der Regel **auf dem Adverb**, z. B.: *Alle Dienstboten mussten zusámmenhalten.*
Bei der **Getrenntschreibung** werden Adverb und Verb in der Regel **gleich betont**, z. B.: *Die Handwerker müssen das schwere Brett zusámmen hálten.*
In Zweifelsfällen hilft dir die **Erweiterungsprobe**: Wenn du ein Wort zwischen Adverb und Verb einfügen kannst, schreibst du getrennt, z. B.: *Die Handwerker müssen das schwere Brett zusammen (an die Wand) halten.*

2 **Verbindungen aus Präposition und Verb** schreibt man in der Regel **zusammen**. Die Hauptbetonung liegt bei der Zusammenschreibung auf der Präposition, z. B.: *Will Svenja áussteigen? Oder möchte sie weiter mítmachen?*

9 **Fülle im folgenden Interview mit Ansgar die Lücken mit Hilfe der Verben aus dem Wortspeicher. Kläre jeweils, ob Adverb + Verb getrennt oder zusammengeschrieben werden müssen.**

heraus?finden • zusammen?spielen • zurecht?kommen
heraus?fordern • hinein?kommen

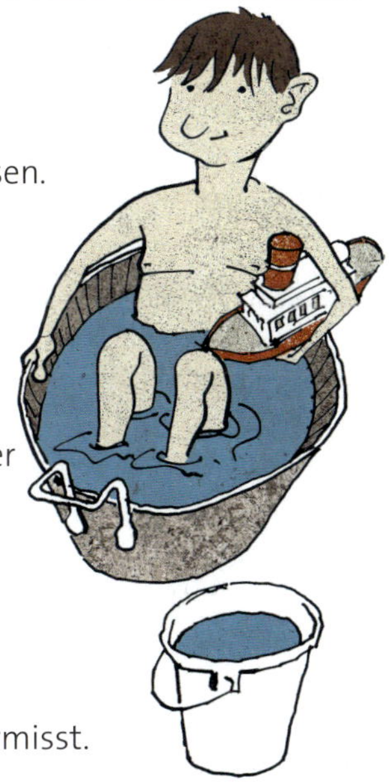

A *Was war in der Zeit dein schönstes Erlebnis?* Ich habe mich gern von schwierigen neuen Hobbys ______________________ lassen.

B *Und was war die größte Herausforderung?* Ich wollte unbemerkt in die Küche ______________________ und heimlich etwas naschen.

C *Was war im Haus deine Lieblingsbeschäftigung?* Ich durfte mit den Kindern der Sommer ______________________, zum Beispiel im Heuhaufen.

D *Was hast du am meisten vermisst?* Man kann zwar durchaus ohne fließendes Wasser ______________________, aber ich habe eine warme Dusche vermisst.

E *Warum bist du ins Gutshaus gezogen?* Ich wollte ______________________, wie man um 1900 gelebt hat.

10 ●●● **Bilde aus den angebotenen Präpositionen + Verben passende Verbindungen und setze sie in den Text ein. Einige der angebotenen Wörter kannst du mehrmals verwenden.**

aus • mit • ein • um

probieren • kommen • machen • lassen • gehen

Die Eltern von Lennard und Ansgar wollten beim Experiment „Gutshaus 1900" ______________________, da sie ______________________ wollten, wie das Leben um 1900 war. Weil alle ihre sechs Kinder ins Haus ______________________ durften, konnte die ganze Familie in der Zeit zusammenbleiben. Sie musste sich dabei auf viele neue Herausforderungen ______________________. Gemeinsam hatten sie zum Beispiel zu lernen, wie man mit Dienstpersonal ______________________ muss.

Teste dich!

Getrennt- und Zusammenschreibung

1 Kreuze für jede Wortgruppe an, ob sie in der Regel getrennt oder zusammengeschrieben wird. (7 Punkte)

	getrennt	zusammen
A Wortgruppen aus Nomen + Verb	☐	☐
B Wortgruppen aus Verb + Verb	☐	☐
C Wortgruppen mit „sein“	☐	☐
D Wortgruppen von Adjektiv + Verb (soweit keine neue Bedeutung entsteht)	☐	☐
E Wortgruppen von Adjektiv + Verb, wenn durch das Zusammentreten von Adjektiv + Verb eine neue Gesamtbedeutung entsteht	☐	☐
F Wortgruppen aus Adverb + Verb oder Präposition + Verb, wenn die Hauptbetonung auf dem Adverb bzw. der Präposition liegt	☐	☐
G Wortgruppen aus Adverb + Verb, wenn beide gleich betont werden	☐	☐

2 Notiere jeweils die richtige Schreibweise auf der Linie. (9 Punkte)

Im Rahmen der Projektwoche sollen die 7. Klassen verschiedene Möglichkeiten des sozialen Engagements ______________ [aus?probieren]. Sie können sich ______________ [aus?suchen], in welchen Einrichtungen sie sich ______________ [sozial?engagieren] möchten. Einige wollen zur freiwilligen Jugendfeuerwehr, weil man dort lernt, wie man ______________ [Feuer?löscht] und ______________ [Erste Hilfe?leistet]. Andere wollen in einem Seniorenheim für alte Menschen ______________ [Einkäufe?erledigen], mit ihnen gemeinsam ______________ [essen?gehen] oder einfach nur ______________ [zusammen?sitzen], damit sie nicht so ______________ [allein?sind].

Vergleiche deine Ergebnisse mit dem Lösungsheft. Für jede richtige Antwort bekommst du einen Punkt.

☺ **16–13 Punkte**	😐 **12–9 Punkte**	☹ **8–0 Punkte**
Gut gemacht!	Gar nicht schlecht, aber lies dir die Informationskästen auf den Seiten 82 bis 85 noch einmal genau durch.	Arbeite die Seiten 82 bis 85 noch einmal genau durch.

Üben macht sicher – Regeln zum Rechtschreiben

Kurze Vokale

Information **Schreibweisen bei betonten kurzen Vokalen**

Nach einem **betonten kurzen Vokal** folgen fast immer **zwei** oder mehr **Konsonanten**.
Beim deutlichen Sprechen kannst du sie meist gut unterscheiden, z. B.: *wundern, hüpfen, Sport*.
Hörst du nur einen Konsonanten, wird er verdoppelt, z. B.: *schnell, rennen, Mitte*.

1 **Unterstreiche im folgenden Text alle Wörter, bei denen der betonte Vokal kurz gesprochen wird, und auf den mindestens zwei Konsonanten folgen.**

Omar in der Karibik

Omar und seine Eltern wohnen in der Karibik. Hier sind tolle Sandstrände und das Wasser ist immer wunderbar warm. Diese herrliche Gegend besuchen Touristen aus aller Welt. Omar geht fast jeden Tag schwimmen. Er taucht zu Felsen und Korallenriffen und sucht nach bunten Fischen. Durch seine Maske kann Omar unter Wasser sehen, dank seiner Flossen kommt er schnell vorwärts.

2 a **Trage die in Aufgabe 1 unterstrichenen Wörter in die folgende Übersicht ein.**
b **Setze bei jedem Wort einen Punkt unter den betonten kurzen Vokal. Markiere die Konsonanten, die ihm folgen.**

A Wörter mit zwei oder mehr verschiedenen Konsonanten nach dem betonten kurzen Vokal

und (4x), ______

B Wörter mit verdoppeltem Konsonanten nach dem betonten kurzen Vokal

tolle ______

3 a **Was ist hier abgebildet? Schreibe das Wort jeweils in das erste Kästchen.**
b **Notiere zu jedem Wort Reimwörter mit den angegebenen Anfangsbuchstaben.**

A  ______, T______, W______

B  ______, F______, K______

C  ______, S______, G______

D  ______, W______, K______

4 **Bei den folgenden Wörtern mit tz und ck wurde die Reihenfolge der Buchstaben vertauscht.**

- **a** **Schreibe das Wort in der richtigen Schreibung auf.**
- **b** **Bilde zu jedem drei weitere Wörter aus der Wortfamilie. Achte auf die Groß- und Kleinschreibung.**

In der Regel schreibt man **ck** statt kk (z. B. *Zu**ck**er*) und **tz** statt zz (z. B. *Ne**tz**e*).
Achtung: **ck** wird am Zeilenende **nicht getrennt**, z. B. *Schne-cke, Bli-cken, So-cken.*

A baenck backen, Bäcker, ___

B tzBil ___

C reckSch ___

D tzkrena ___

E ckeDe ___

5 **Fülle die Lücken. Entscheide dabei, ob der fehlende Konsonant nach dem betonten kurzen Vokal verdoppelt werden muss oder nicht bzw. ob tz oder ck einzusetzen ist.**

Olja aus Moskau

Olja lebt in einem Vorort von Moskau, der Hauptstadt von Ru___land. Sie besucht die „Kla___ische Tanzschule“, um Tän___erin zu werden. Mit diesem Schulabschlu___ ka___ sie einem professione___en Ba___ettensemble beitreten. Oljas Füße ste___en beim Tan___en in Schuhen aus Sto___. Da diese sehr schne___ verschleißen, braucht sie o___t ein neues Paar. Am liebsten tanzt Olja in einem Rö___chen aus weißer Spi___e, aber beim Üben hat sie mei___tens ein einfaches Trikot an. Ihre Haare trägt Olja gern o___en, aber für den Ballettunterricht mu___ sie die Haare zu einem Du___ hochstecken. Olja wo___te schon i___er Tänzerin werden. Am liebsten würde sie einen der Schwäne in *Schwanensee* spielen. Im le___ten Jahr führten sie den *Nu___knacker* öffentlich auf. Sie ha___en dreizehn Auftri___e. Beim ersten Mal war sie schre___lich za___elig, aber später fa___d sie es auf der Bühne to___.

6 **a** **Trage in die Lücken jeweils die passende Singular- oder Pluralform ein.**
b **Markiere die verdoppelten Konsonanten in den Pluralformen.**

A Es ist schön, wenn man eine gute Freundin hat, noch schöner ist es allerdings, wenn man mehrere gute ______________________________ hat.

B Ich hatte in den Sommerferien nicht nur ein schönes ______________________________, sondern gleich mehrere tolle Ferienerlebnisse.

C In der letzten Mathematikarbeit hatte ich ein falsches ______________________________, aber zum Glück waren alle anderen Ergebnisse richtig.

D Wenn ich groß bin, möchte ich Pilotin werden, weil __________________________ in der Welt herumkommen.

7 **Hier werden Fremdwörter mit k oder kk gesucht.**
In dem farbig unterlegten Feld ergibt sich von oben nach unten gelesen ein neues Fremdwort mit kk.

Bei vielen **Fremdwörtern** steht nach kurzem betonten Vokal ein einfaches **k**, z. B.: *aktuell, Traktor.* Bei wenigen Fremdwörtern folgt ein **kk** mit nachfolgendem Vokal, z. B.: *Akkord, Mokka.* Schlage **in Zweifelsfällen** im **Wörterbuch** nach.

A Gegenteil von „passiv“									
B anderes Wort für Schulleiter									
C Gerät zur Speicherung elektrischer Energie									
D Windjacke mit Kapuze		A							
E Text in einer Zeitung			A						
F anderes Wort für Arzt									
G Eile, Hast			H	E					
H Land im Nordwesten Afrikas (Hauptstadt = Rabat)									
I kleines Tier mit sechs Beinen und Flügeln (Gattung)									

8 **Ergänze in den folgenden Wörtern ck, k oder kk.**
●●● **Tipp: Wenn du unsicher bist, schlage im Wörterbuch nach.**

A Ja____e	D Ta____t	G Ro____	J Sa____o
B perfe____t	E Re____ord	H Ma____aroni	K a____urat
C a____tuell	F So____e	I o____upieren	L De____e

Lange Vokale

Information **Schreibweisen bei betonten langen Vokalen: a/ä, e, o/ö und u/ü**

In den meisten Wörtern wird der **betonte lange Vokal** nur **mit einem Buchstaben** geschrieben. Danach folgt meist nur ein Konsonant, z. B.: *die Frage, böse, raten, der Hüter.*
Das gilt besonders für einsilbige Wörter, z. B.: *her, los, für, nur, gut.*

1 **Im folgenden Gitterrätsel sind Wörter mit einem betonten langen Vokal versteckt: senkrecht ↓, waagerecht →, diagonal ↗ ↘. Markiere mindestens 30 Wörter.**

	A	B	C	D	E	F	G	H	I	J	K	L	M	N	O	P	Q	R
1	R	A	S	E	N	Q	X	B	Ü	G	E	L	N	M	I	G	P	K
2	M	M	H	T	O	F	N	L	C	J	H	E	M	H	Z	R	R	Ä
3	T	R	U	B	E	L	A	D	E	N	A	S	N	O	B	Ü	R	S
4	R	R	S	T	X	U	B	D	R	A	B	E	K	L	M	N	A	E
5	Ü	A	Ä	O	I	T	E	R	E	S	E	N	B	E	S	E	N	Z
6	B	D	G	N	N	G	L	O	B	E	N	O	L	N	E	Y	G	N
7	J	B	E	Q	E	A	Z	S	E	B	D	B	L	P	C	M	L	U
8	K	L	A	G	E	N	T	E	T	E	W	S	C	H	Ä	M	E	N
9	W	B	R	O	T	S	K	E	N	K	T	Ö	N	E	N	R	T	I

2 **Sortiere die im Gitterrätsel markierten Wörter nach diesen Wortarten und schreibe sie auf.**

Nomen: ______________________________

____

Verben: ______________________________

Adjektive: ______________________________

3 **Unterstreiche im folgenden Text alle Wörter mit einem betonten langen Vokal (a, e, o oder u).**

●●●

Mache eine Safari!

Wenn jemand wilde Tiere beobachten will, muss er nicht in ferne Länder: In jedem Garten wuseln Lebewesen aller Arten herum. In Blumenrabatten, in Pfützen, auf Büschen, im Gras und fast auf jedem Ast wimmelt es vor Leben. Man kann sich mit einer Lupe auf die Lauer legen. Dann kann man sogar wilden Bestien beim Jagen zuschauen – zum Beispiel der geringelten Wespenspinne oder sogar einer Gottesanbeterin.

Bei einer kleineren Gruppe von Wörtern folgt nach dem betonten langen Vokal (oder Umlaut) ein **h**, z. B.: *seh**r**, woh**l**, ungefäh**r**, äh**n**lich.*
Das **h** steht besonders häufig **vor den Konsonanten l, m, n** und **r** und bleibt auch in den verwandten Wörtern erhalten, z. B.: *Jah**r** – jäh**r**lich, Jah**r**eszeit, Ruh**m** – rüh**m**en, unrüh**m**lich; Wah**l** – wäh**l**en, wäh**l**bar; Woh**n**ung – woh**n**en, woh**n**lich.*

4 **a** **Kläre für jedes der folgenden Wörter, ob es mit h geschrieben wird: Trage den Buchstaben h dann ein.**
Tipp: Schlage in Zweifelsfällen in einem Wörterbuch nach.
b **Unterstreiche alle Wörter, in denen auf das h ein l, m, n oder r folgt.**

Ba___n Sa___ne Balko___n
Lü___gen Ro___re Mu___t
U___rlaub Fo___len Sanda___len
Kö___nigin Na___men Le___ben
Le___rer Mö___ren

schla___gen vere___ren erwä___nen
fü___ren krö___nen beso___len
ernä___ren ne___men belo___nen
verle___gen erzä___len scha___ben
ke___ren fa___ren

5 **Arbeite mit den Wörtern von Aufgabe 4. Verbinde jeweils ein Nomen im linken Kasten und ein Verb im rechten Kasten sinnvoll miteinander. Schreibe jede Verbindung auf.**

____

____

____

____

____

6 ●●● **Ergänze die fehlenden Wörter.**
Achtung: Diese Wörter reimen sich zwar, aber jeweils eines wird mit h, eines ohne h geschrieben.

A Ich esse grüne ______________  , zum Nachtisch dann ______________  .

B Auf dem Bau quietscht der  ______________ , auf dem Hof kräht der ______________  .

C Egon ist riesig, ein richtiger ______________  , er zeigt seine Größe auf einer ______________ 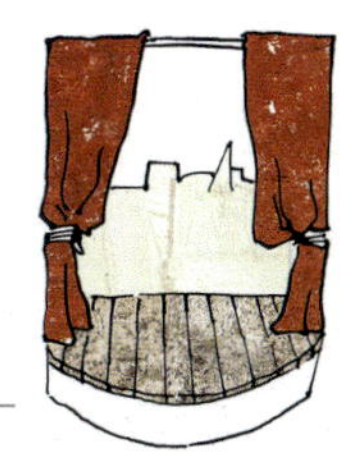 .

D Im Feuer knacken die  ______________ , im Schießstand knallen die ______________  .

Information **Wörter mit Doppelvokal: aa, ee, oo**

Es gibt nur wenige Wörter, in denen der lang gesprochene Vokal durch die Verdopplung gekennzeichnet ist.
Merke sie dir gut:

- **aa:** *der Aal, das Haar, das Paar, der Saal, die Saat, der Staat, die Waage.*
- **ee:** *die Beere, das Beet, die Fee, das Heer, der Klee, das Meer, der Schnee, der See, die Seele, der Speer, der Teer.* Dazu kommen **Fremdwörter mit ee** am Wortende, z. B.: *die Idee, der Kaffee, der Tee, das Püree, die Allee.*
- **oo:** *das Boot, doof, das Moor, das Moos, der Zoo.*

7 **Suche ein Verb, das von dem angegebenen Nomen abgeleitet ist. Einige der gesuchten Verben musst du mit Präfixen bilden, z. B.**

Moor → vermooren

Präfixe (Vorsilben) **für Verben** sind z. B. *be-, ent-, ver-, zer-.*

A Aal → ______

B Paar → ______

C Seele → ______

D Moos → ______

E Haar → ______

F Staat → ______

G Teer → ______

H Heer → ______

8 **Notiere zu jedem der folgenden Verben das passende Nomen.**

A pürieren → ______

B wiegen → ______

C frottieren → ______

D gelieren → ______

E säen → ______

F schneien → ______

9 **Suche für jedes der folgenden Nomen ein Adjektiv, das davon abgeleitet ist. Du musst dazu Suffixe für Adjektive anfügen, z. B.**

Teer → teerig

Suffixe (Nachsilben) **für Adjektive** sind z. B.: *-ig, -haft, -voll, -lich, -isch.*

A Fee → ______

B Seele → ______

C Staat → ______

D Moos → ______

E Haar → ______

F Moor → ______

G Paar → ______

10 ●●● **In jedem der beiden folgenden Sätze ist ein Wort mit Doppelvokal gesucht. Finde es und trage es ein. Achte auf die richtige Schreibweise.**

A Das ______grundstück bot ______wärts einen wunderbaren ______blick auf ______tüchtige Segelboote, die bei ______wind in ______ stachen und am ______ufer die ______rosen zurückließen.

B Im ______ war der ______boden schon so lange ______ig, dass es ungezählte ______leichen von ______hühnern gab, die nun bis in alle Ewigkeit ein ______bad nehmen.

Wörter mit langem i

Information **Schreibweisen für Wörter mit langem i: ie, i und ih**

- **Wörter mit ie**: Mehr als drei Viertel aller Wörter mit lang gesprochenem **i** werden mit **ie** geschrieben. Das ist also **die häufigste Schreibweise**, z. B.: *l**ie**ben, der D**ie**b, das Kn**ie**, h**ie**r, w**ie**, sch**ie**f.*
- **Wörter mit i**: Manchmal wird das lang gesprochene **i** durch den Einzelbuchstaben **i** wiedergegeben, z. B.: *mir, dir, wir, der Igel, die Bibel, das Kino, das Kaninchen, Margarine, Apfelsine.*
- **Wörter mit ih**: Nur in einigen Pronomen wird das lange **i** als **ih** geschrieben, z. B.: ***ih**r, **ih**m, **ih**n, **ih**nen, **ih**re.*

1 a **Finde die Reimwörter, die in den Bildern versteckt sind.**
b **Denke dir zu jedem Reimpaar einen kurzen Zweizeiler aus. Schreibe diese in dein Heft.**

2 **Auf der Rennstrecke reihen sich Wörter mit einfachem i aneinander. Trenne sie ab und schreibe jedes Nomen mit seinem Artikel auf.**

____

____

____

____

____

3 **Trage in den folgenden Text die fehlenden Pronomen ein. Achte auf den richtigen Kasus (Fall).**

Frau Müller, die Lehrerin, tobt: Die Schülerinnen und Schüler __________ Klasse 7 a vernachlässigen __________ Rechtschreibung. Sie haben noch nicht verstanden, dass es __________ eigenen Noten sind, die unter __________ Faulenzerei leiden. Es wäre gut, die Klasse würde __________ zeigen, dass sie es besser kann.

4 **Buchstabensalat! Entwirre die Nomen und schreibe sie auf.**

WALine | PFLEASine | RAGDine | UKSine | TUORine | ORSine | TNAKine

5 **Bilde mit den angebotenen Wortbausteinen Nomen mit den Endungen -ie oder -ier und trage sie in die Übersicht ein.**

~~Melod-~~ • Klav- • Garant- • Bürokrat- • Kop- • Rev- Pion- • Theor- • Energ- • Pap- • Droger- • Juwel- Kur- • Lotter- • Turn- • Man- • Harmon- • Monarch- Reg- • Sinfon- • Allerg- • Offiz-

– In den **fremdsprachigen Endungen -ie, -ier, -ieren** wird das lang gesprochene **i** mit **ie** geschrieben, z. B.: *Industrie, Scharnier, marschieren.*
– In der **fremdsprachigen Endung -iv** wird das lang gesprochene **i** mit **i** geschrieben, z. B. *passiv, relativ, Nominativ.*

Nomen mit -ie: Melodie,

Nomen mit -ier:

6 **Leite von den folgenden Verben Adjektive mit der Endung -bar ab und schreibe sie auf.**

~~korrigieren~~ • dosieren • addieren • programmieren • kontrollieren • regieren strapazieren • dividieren • realisieren • konservieren

korrigierbar,

7 **Gesucht sind Wörter mit der Endung -iv. Trage sie ein. Die unterlegten Felder ergeben ein Lösungswort.**

A nicht im Passiv, sondern im
B durch eine Operation
C ein sehr starker Geruch ist …
D wenn etwas neuartig ist, ist es …
E der 3. Fall bei der Deklination
F das ist ganz sicher so = es ist … so
G aus einem Impuls heraus

Rechtschreiben trainieren: Lange Vokale sicher schreiben

1 **Gleicher Klang – andere Schreibweise: Schreibe zu jedem der folgenden Wörter einen Beispielsatz auf.**

A leeren – lehren: ______

B währen – wären: ______

C Mahl – Mal: ______

D Wahl – Wal: ______

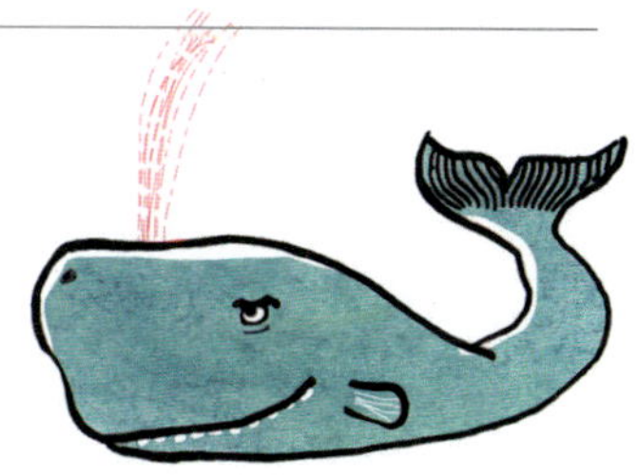

E mahlen – malen: ______

F Lied – Lid: ______

G Meer – mehr: ______

H Miene – Mine: ______

2 **Schreibe für jedes der Wörter von Aufgabe 1 zwei Wörter aus der Wortfamilie auf.**

A *Leergut, entleeren/Lehrbuch,* ______

Teste dich!

Kurze und lange Vokale

1 **Kläre die Schreibweise der Lückenwörter.**
Ergänze fehlende Buchstaben, wo es nötig ist. (15 Punkte)

Fototechni___k: Stra___lend schö___ne Bilder!

Es geht hi___r um die Licht- und Schat___enseiten des Fotografi___rens!

Schli___ßlich ist es entscheidend für eure Bilder, ob i___r zur Mit___agszeit

oder in der Däm___erung, bei Kunst- oder mit___ Ge___genlicht foto-

grafiert. Achtet da___rum nicht zuletzt darauf, aus welcher Richtung das

Licht auf euer Moti___v fäl___t.

2 **a Unterstreiche im folgenden Text 14 Fehlerwörter. (14 Punkte)**
b Schreibe jedes Fehlerwort verbessert ins Heft. (14 Punkte)

VORSICHT FEHLER!

Tipps für tole Aufnamen

Wenn mitags die Sonne fast senkrecht am Himel steht, ist das Licht hart. Weicher wirkt es, je weiter seine Quele entfehrnt und je größer die Fläche ist, von der es abstralen kann, etwa ein bewöhlkter Horizont. Fotografirt ihr mit Geegenlicht, werden die Bilder meist zihmlich düster. Schahde, falls ihr schöne Porträts schißen wolltet. Aber genau richtig, wenn eure Bilder aussehen sollen wie Schehrenschnitte.

3 **Kreuze für jede der folgenden Aussagen an, ob sie richtig oder falsch ist. (5 Punkte)**

		richtig	falsch
A	Nach einem betonten kurzen Vokal folgt immer ein Doppelkonsonant.	☐	☐
B	Wörter mit **kk** kommen im Deutschen nicht vor.	☐	☐
C	Nach einem betonten langen Vokal und vor **l**, **m**, **n**, **r** steht häufig ein **h**.	☐	☐
D	Das lange **i** wird meistens mit einfachem **i**, manchmal mit **ie** geschrieben.	☐	☐
E	In den fremdsprachigen Endungen **-ie**, **-ier**, **-ieren** wird das lang gesprochene **i** mit **ie** geschrieben.	☐	☐

Vergleiche deine Ergebnisse mit dem Lösungsheft. Für jede richtige Antwort bekommst du einen Punkt.

☺ 48–38 Punkte	😐 37–27 Punkte	☹ 26–0 Punkte
Gut gemacht!	Gar nicht schlecht, aber lies dir die Informationskästen auf den Seiten 87 bis 95 noch einmal genau durch.	Arbeite die Seiten 87 bis 95 noch einmal genau durch.

Die Schreibung der s-Laute

Information **Schreibweisen der s-Laute: s und ß**

1 Das **stimmhafte s** (= weicher, gesummter Laut) wird **immer mit einfachem s** geschrieben, z. B. *Rose, blasen, böse, also.*

2 Das **stimmlose s** (= harter, zischender Laut) wird **nach einem betonten langen Vokal** oder **nach einem Diphthong** (Doppellaut: *ei, ai, au, äu, eu*) **mit ß** geschrieben, z. B.: *schließen, außer, Schoß.*
Prüfe am Wortende mit der **Verlängerungsprobe**:
– Bleibt der s-Laut stimmlos, schreibst du **ß**, z. B.: *Fleiß* → *fleißig.*
– Wird der stimmlose s-Laut im verlängerten Wort stimmhaft, wird das Wort mit einem einfachen **s** geschrieben, z. B.: *uns* → *unser, Gras* → *Gräser.*

1 **Bilde Wörter mit ß und schreibe sie auf.**

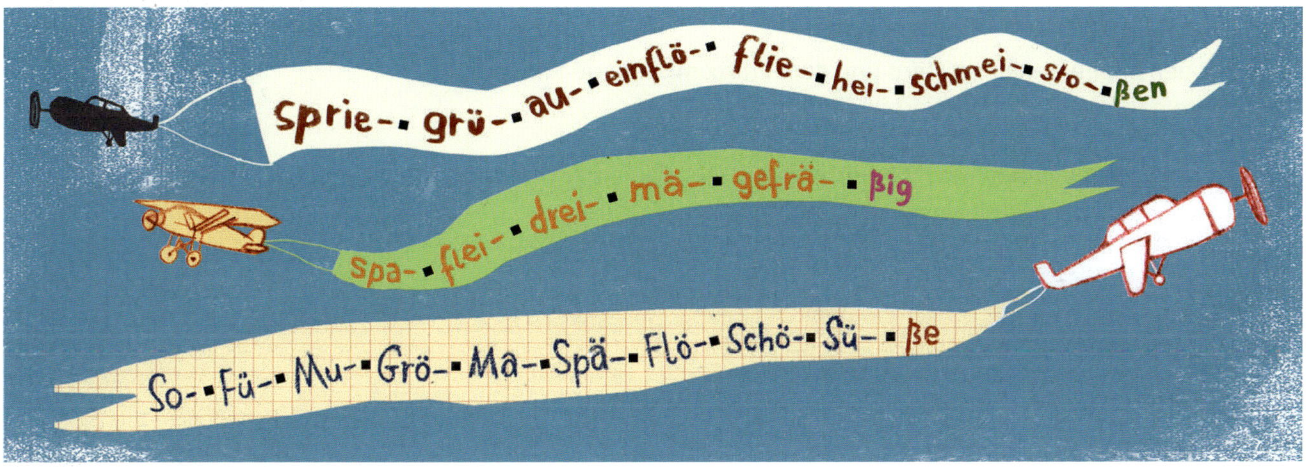

sprießen, ____________________

spaßig, ____________________

Soße, ____________________

____

2 **Was ist hier abgebildet? Notiere jedes Nomen mit einer Verlängerung. Achte auf die Schreibweise des s-Lauts.**

 ____________________ ____________________

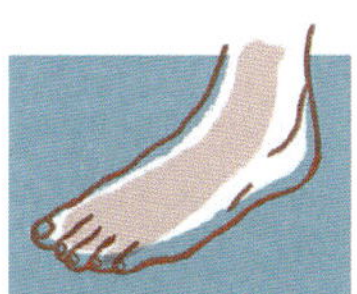 ____________________ ____________________

 ____________________ ____________________

 ____________________ ____________________

 ____________________ ____________________

 ____________________ ____________________

____________________ ____________________

 ____________________ ____________________

Information **Schreibweise für den s-Laut nach einem betonten kurzen Vokal: ss**

Nach einem betonten kurzen Vokal wird das **stimmlose s** (= harter, gezischter **s**-Laut) meist mit **ss** geschrieben, z. B.: *küssen, Messer, massig.*

3 a **Wie kommst du vom ersten zum letzten Wort? Pro Zeile darfst du nur einen Buchstaben austauschen.**
b **Wähle eine Zeile aus und schreibe mit jedem Wort aus dieser Zeile einen Satz in dein Heft.**

B	O	S	S
N	U	S	S

W	E	S	S	E	N
K	I	S	S	E	N

B	I	S	S
G	U	S	S

F	A	S	S	E	N
K	Ü	S	S	E	N

4 **Bilde mit den angebotenen Wörtern und dem Präfix miss- neue Wörter.**
Trage diese nach Wortarten sortiert in die Tabelle ein.

~~-trauen~~ • -launig • -klang • -achten • -ernte • -erfolg • -gönnen • -liebig • -günstig • -trauisch • -griff
-lingen • - geschick • -verhältnis • -billigen • -mutig • -raten • -verstehen • -verständlich

Nomen	Verb	Adjektiv
Misstrauen		

5 ●●● **Bilde zu den folgenden Verben Nomen mit dem Suffix -nis.**
Schreibe Singular und Plural auf.

~~ärger~~ • hindern • geschehen • bekennen • vorkommen
erfordern • kümmern • verhalten • erkennen • gestehen

Bei Nomen mit dem **Suffix -nis** verdoppelt sich das **s** im Plural: *das Ereignis – die Ereignisse.*

Ärgernis – Ärgernisse,

Information **Wechsel von ss und ß in Wortfamilien**

- Manche **Verben** haben in ihren Verbformen einen Wechsel von **ss** und **ß**, z. B.: *fließen – es floss, lassen – er ließ, wissen – ich weiß.*
- Auch bei **verwandten Wörtern** können **ss** und **ß** wechseln, z. B.: *genießen – der Genuss, beißen – der Biss.*

Auch bei diesen Wörtern gilt:

- Nach einem **betonten kurzen Vokal** wird der stimmlose **s**-Laut mit **ss** geschrieben,
- nach einem **betonten langen Vokal** oder einem **Diphthong** schreibt man ihn mit **ß**.

6 **Ergänze in der folgenden Tabelle die gesuchten Verbformen.**

Infinitiv	Präsens Singular	Präteritum Singular	Nomen
erla__ss__en	er erlä___t	sie erlie___	der Erla___
___	sie stö___t	___	___
___	___	___	der Beschlu___
___	___	er verga___	___
genie___en	___	___	___
___	sie mi___t	___	___
___	___	___	der Bi___
verdrie___en	___	___	___

7 **Trage in die Lücken des folgenden Textes jeweils den richtigen s-Laut ein: s, ss oder ß.**

Der blaue Planet

Un___ere Erde wird oft „der blaue Planet" genannt, denn das Mei___te auf ihr ist Wa___er. Eigentlich mü___te sie daher „Wa___er" hei___en und nicht „Erde"! Der grö___te Teil dieser Flü___igkeit – 97 Prozent – ist leider das Salzwa___er in Meeren und Ozeanen. Sü___wa___er gibt es nur in Flü___en und Seen, au___erdem am Nord- und Südpol und als Gletscher in Form von Ei___. Das Wa___er auf der Erde rei___t sozusagen immerzu im Krei___ herum – darum sprechen wir auch von Wa___erkrei___lauf. Nicht überall auf der Erde gibt es genug von diesem kostbaren Na___, de___halb sollten wir spar___am und umsichtig damit umgehen. Dazu kann man zum Beispiel Regen für die Gartenbewä___erung in einer Tonne sammeln, das Auto in einer Waschstra___e mit geschlo___enem Krei___lauf waschen und beim Zähneputzen das Wa___er nicht weiter flie___en la___en.

„das“ oder „dass“?

Information **Relativpronomen (das) oder Konjunktion (dass)?**

Zu Beginn eines Nebensatzes wird das **Relativpronomen „das“ häufig verwechselt** mit der **Konjunktion „dass“.** Prüfe mit der **Ersatzprobe**:

- Kann „**das**“ durch „**welches**“ ersetzt werden, wird es mit einem **s** geschrieben, z. B.: *Das Auto, ~~das~~ welches bis zum Rand vollgepackt ist, steht vorm Haus.*
- Die Konjunktion „**dass**“ kann nicht ersetzt werden, z. B.: *Mir gefällt es, dass ich so viele Geschwister habe.*

1 **Entscheide für die folgenden Sätze, ob es sich um das Relativpronomen das oder um die Konjunktion dass handelt. Führe die Ersatzprobe durch und streiche das falsche Wort.**

Morgens in der Großfamilie

Wie klappt es, das/dass morgens alle pünktlich aufstehen, frühstücken und pünktlich loskommen? Das Radio, das/dass auf 6:25 Uhr programmiert ist, hört man in allen Zimmern. Mama und Papa sorgen abwechselnd dafür, das/dass unsere Pausenbrotboxen gefüllt werden. Im Bad ist so viel Platz am Waschbecken, das/dass wir drei Mädchen uns gleichzeitig die Zähne putzen können. Das Honigglas, das/dass reihum wandert, reicht meistens nur für zwei Tage. Das Telefon, das/dass um 7:23 Uhr wie ein Wecker läutet, sagt, das/dass jetzt alle aufbrechen müssen.

2 **Trage ein: das oder dass?**

Urlaub mit der Großfamilie

Daran, ________ wir tagelang packen, merkt auch der letzte Nachbar, ________ wir bald verreisen. Wir, das sind meine fünf Geschwister, unsere Eltern und ich, Gianna. 16 Koffer und Taschen zählte im vergangenen Sommer unser Gepäck, ________ sich im Flur bald übereinanderstapelte. Ich war froh, ________ ich wenigstens noch zu meinem Bett durchkam. Auch wir Kinder packen. Klar ist es manchmal nervig, ________ wir alle mithelfen müssen. Aber so hat man das schöne Gefühl, ________ der Urlaub immer näher kommt. Unser Auto, ________ ein Bus mit acht Plätzen ist, reicht gerade eben für unsere Familie aus. Als Großfamilie im Urlaub zu sein, ist schön und schlimm zugleich. Schlimm ist, ________ es dann mehr Streit und weniger Süßigkeiten gibt. Schade ist auch, ________ unsere Unternehmungen nicht bei allen gleichermaßen beliebt sind. Gemeinsam eine Bergtour zu machen zum Beispiel, finden die Kleinen viel zu anstrengend, aber die Großen langweilen sich. Das vielleicht Schönste am Urlaub in einer Großfamilie ist, ________ ständig irgendetwas passiert.

Teste dich!

Die s-Laute, „das“ oder „dass“

1 **s, ss oder ß? Trage richtig in die Lücken des folgenden Textes ein. (16 Punkte)**

Leben auf Energiesparflamme

Wir leben in einem Experiment: Wir testen im Auftrag des Stadtentwicklungsministeriums ein Energiesparhau___. Wir probieren ein Jahr lang aus, wie es sich in einem solchen Hau___ leben lä___t. Es hat Solarzellen auf dem Dach und an einer Au___enwand. Anfangs gab es Pannen. Zum Beispiel hat die Katze den Bewegungsmelder ausgelö___t und damit das Licht angemacht. Man kann das Hau___ aus der Ferne mit dem Handy steuern. Da___ ist praktisch: Wenn ich meinen Schlü___el verge___en habe, rufe ich einfach Papa an. Der entriegelt mit seinem Handy das Türschlo___. Was anders geworden i___t: Ich dusche jetzt länger, nehme auch mal ein hei___es Bad und la___e mein Radio an, wenn ich gerade einmal nicht im Zimmer bin. Ein schlechtes Gewi___en habe ich dabei nicht, ich wei___ ja, da___ unsere Energie direkt von der Sonne kommt.

2 **das oder dass? Ergänze entsprechend. (6 Punkte)**

Wie Häuser Energie fressen

Da___ in Gebäuden sehr viel Energie verbraucht wird, zum Beispiel für die Heizung, warmes Wasser oder Elektrogeräte, weiß jedes Kind. Und es weiß auch, da___ dies teuer für die Bewohner und schlecht für die Umwelt ist. Denn wo Energie verbraucht wird, entsteht meist CO_2, ein Gas, da___ schädlich fürs Klima ist. In Deutschland gibt die Regierung deshalb Geld aus, da___ zwar nicht alle Hausbesitzer zum Energiesparen anregt, aber doch einige. Wir alle sollten anerkennen, da___ viele Menschen ihre Häuser so umbauen, da___ diese selbst Energie erzeugen können – etwa durch eine Solaranlage.

Vergleiche deine Ergebnisse mit dem Lösungsheft. Für jede richtige Antwort bekommst du einen Punkt.

☺ 22–18 Punkte	😐 17–13 Punkte	☹ 12–0 Punkte
Gut gemacht!	Gar nicht schlecht, aber lies dir die Informationskästen auf den Seiten 97 bis 100 noch einmal genau durch.	Arbeite die Seiten 97 bis 100 noch einmal genau durch.

Zeichensetzung

Das Komma zwischen Sätzen

Information **Die Kommasetzung in Satzreihe (Hs + Hs) und Satzgefüge (Hs + Ns)**

- Die einzelnen **Hauptsätze einer Satzreihe** (▶ S. 62) werden durch ein **Komma** voneinander getrennt. Sie können durch die nebenordnenden **Konjunktionen** *und, oder, aber, doch, sondern, denn* verknüpft werden. z. B.: *Jedes Land hat typische Speisen, aber auch die Esskultur ist weltweit unterschiedlich.* Nur vor *und* bzw. *oder* darf das Komma entfallen, z. B.: *Man isst anders(,) und man benimmt sich anders*
- Im **Satzgefüge** (▶ S. 63) kann der Nebensatz vor, zwischen oder nach dem Hauptsatz stehen. **Zwischen Hauptsatz und Nebensatz** muss **immer ein Komma** stehen, z. B.: *Reisende, die andere Länder besuchen, lernen unterschiedliche Tischsitten kennen.* Ein Satzgefüge kann mehrere Nebensätze enthalten. Alle Nebensätze werden mit einem Komma abgetrennt, z. B.: *Wenn man durch die Welt reist*, *ist es überall unterschiedlich*, *was als gutes Benehmen gilt.*

Folgende Wörter können **Nebensätze einleiten:**

unterordnende **Konjunktionen**	*nachdem, wenn, obwohl, weil, dass, indem ...*	*Wenn man die Tischsitten nicht kennt, kann man sich blamieren.*
Fragewörter und **ob**	*wann, woher, warum, weshalb, wie, wo, ob ...*	*Ich weiß nicht, wie man Essstäbchen benutzt.*
Relativpronomen	*der, die das, welcher, welche, welches*	*Ein Kind, das mit vollem Mund spricht, versteht man schlecht.*

1 a **Setze im folgenden Text die fehlenden Kommas.**
b **Markiere die beiden Satzreihen gelb und unterstreiche die verknüpfende Konjunktion.**
c **Umkreise in den Satzgefügen die Wörter, die Nebensätze einleiten.**

VORSICHT FEHLER!

Ein Blick über den Tellerrand

Sicher kennst du einige Regeln wie du dich am Essenstisch benehmen sollst. Eine Aufforderung die Kinder bei uns oft zu hören bekommen lautet: Iss deinen Teller leer! Bei uns gilt es als höflich wenn man seine Speisen aufisst. Der leere Teller freut die Köchin weil er signalisiert dass es dir geschmeckt hat. Bei einem Besuch in Russland solltest du diese Regel aber außer Acht lassen denn der Koch wird sonst enttäuscht sein. Ein Teller welcher leergegessen ist weckt beim Koch die Frage ob er zu wenig zubereitet hat. Indem du aus Höflichkeit einen Rest auf dem Teller lässt lobst du in Russland die Kochkunst des Hauses.

Wenn man in die USA reist kann man auch einen Unterschied zu unseren Essgewohnheiten beobachten. Die US-Amerikaner halten beim Essen nicht Messer und Gabel in den Händen sondern eine Hand bleibt frei und liegt im Schoß. Es ist unklar ob diese Tischsitte tatsächlich auf die Zeit des Wilden Westens zurückgeht. Weil man damals jederzeit bereit für eine Schießerei sein musste soll eine Hand stets an der Waffe gelegen haben. Heutzutage essen jedenfalls die meisten US-Amerikaner nur mit der Gabel nachdem sie zuvor ihr Fleisch und andere Speisen zerschnitten haben.

2 **a Setze in den folgenden Sätzen die fehlenden Kommas.**
b Begründe deine Zeichensetzung:
Trage für jeden Satz die Ziffer der passenden Beschreibung des Satzbauplans ein.

Beschreibungen der Satzbaupläne:

1 1 Hs + 1 Ns, 1 Komma
2 2 Hs, 1 Komma muss stehen
3 1 Ns + 2 Hs, 2 Kommas
4 1 Hs + 1 Ns, 2 Kommas
5 2 Hs + 1 Ns, 2 Kommas
6 2 Hs, 1 Komma kann stehen

Asiatische Tischsitten

A [4] Die Tischsitten die in asiatischen Ländern gelten unterscheiden sich stark von den europäischen.

B [ ] In China ist zum Beispiel das Schlürfen üblich und es darf mit vollem Mund gesprochen werden.

C [ ] Das Ansaugen der Suppe ist durchaus sinnvoll denn dadurch kommt Luft in den Mund die das Aroma der Speisen verstärkt.

D [ ] Ältere Menschen werden bei Tisch besonders umsorgt indem man ihnen mit dem eigenen Essstäbchen leckere Bissen reicht.

E [ ] Gräten oder kleine Knochen dürfen auf den Tisch gespuckt werden aber das Niesen oder gar Schnäuzen ist streng verboten.

F [ ] Während bei uns keiner bei Tisch Fleischreste mit den Fingern aus den Zähnen ziehen sollte kann man das in Asien unbeschwert tun denn niemand findet dieses Verhalten unappetitlich.

3 ●●● **a Im folgenden Text fehlen die Satzzeichen. Zerlege ihn sinnvoll in mehrere Sätze.**
b Schreibe den Text mit richtiger Zeichensetzung ab.
Tipp: Achte auf die Großschreibung am Satzanfang und auf den Punkt am Satzschluss.

VORSICHT FEHLER!

Obwohl es nicht ganz einfach ist lernen chinesische Kinder das Essen mit Stäbchen schon im Kindergarten Wissenschaftler betonen dass dies das Gehirn trainiert denn die Koordination von Essen, Stäbchen und Mund ist anspruchsvoll alle Kinder in Asien wissen dass man mit Stäbchen nicht auf andere Leute zeigt sie dürfen das Essen nicht aufspießen obwohl das manchmal leichter wäre außerdem lernen die Kinder dass man Stäbchen nicht senkrecht in die Reisschale steckt das macht man nur bei einer Trauerfeier damit der Verstorbene im Himmel auf den das Stäbchen zeigt symbolisch mitessen kann

Das Komma bei Aufzählungen, Appositionen und Erläuterungen

Information **Die Kommasetzung bei Aufzählungen**

- Wörter und Wortgruppen in Aufzählungen werden **durch Kommas abgetrennt**, z. B.: *Reisen in ferne Länder benötigen eine gute Vorbereitung, ausreichend viel Mut, große Lust auf Abenteuer.* Dies gilt auch, wenn das Wort oder die Wortgruppe durch einschränkende Konjunktionen wie *aber, jedoch, sondern, doch* eingeleitet wird, z. B.: *Erleben wird man viel Schönes, aber auch Ungewohntes.*
- **Achtung: Kein Komma steht** vor den nebenordnenden Konjunktionen *und, oder, sowie, entweder ... oder, sowohl ... als auch*, z. B.: *Reisen benötigen Vorbereitung, Mut und Lust auf Abenteuer. Schwierig kann sowohl die Verständigung als auch das Essen sein.*

1 **a** **Unterstreiche im folgenden Text die Aufzählungen.**
b **Setze die fehlenden Kommas.**

VORSICHT FEHLER!

Mahlzeiten in China

Wer als Tourist oder als Geschäftsmann nach China kommt, sollte damit rechnen, dass er nicht nur ungewohnte Tischsitten sondern auch einige Geschmacksabenteuer erleben wird. So wird in China zum Beispiel neben dem Fleisch von Schwein Rind und Huhn auch Hundefleisch verarbeitet. Milch Joghurt Käse und andere Milchprodukte werden hingegen nur selten verwendet, da viele Chinesen den Milchzucker (Lactose) nicht gut verdauen können.

Bei einer typisch chinesischen Mahlzeit werden verschiedene Vorspeisen Hauptgerichte sowie der Nachtisch gleichzeitig zubereitet in verschiedene Schüsselchen gegeben und gemeinsam auf den Tisch gestellt. Man wird darunter Scharfes aber auch Süß-Saures finden. Auf jeden Fall gibt es morgens mittags abends ausreichend Reis. Er darf bei keiner Mahlzeit fehlen. So nennen Chinesen ihre Mahlzeiten sogar Morgenreis Mittagsreis und Abendreis.

Information **Die Kommasetzung bei Appositionen und nachgestellten Erläuterungen**

1. Die **Apposition** (► S. 58) folgt ihrem Bezugswort (meist ein Nomen), steht im gleichen Kasus wie dieses und wird **durch Kommas abgetrennt**, z. B.: *Asien, ein vielfältiger Kontinent, lockt viele Touristen an.*
2. Die **nachgestellte Erläuterung** wird oft mit Wörtern wie *nämlich, und zwar, vor allem, das heißt (d. h.), zum Beispiel (z. B.)* eingeleitet. Sie wird **durch Kommas abgetrennt**, z. B.: *Verschiedene Religionen, zum Beispiel den Buddhismus, kann man hier entdecken.*

2 **a** **Markiere im folgenden Text die Appositionen und die nachgestellten Erläuterungen.**
b **Setze die fehlenden Kommas.**

VORSICHT FEHLER!

Zu Gast in der indischen Provinz Ladakh

In Ladakh einer indischen Provinz im höchsten Gebirge der Welt nämlich dem Himalaya wird einem Gast als Erstes ein Tee angeboten. Dieser Tee wird in kleinen Gefäßen aus unterschiedlichem Material häufig aus Ton oder Metall serviert und riecht sehr streng. Er besteht aus Schwarztee, Salz und der Butter von Yaks einer dort heimischen Rinderart. Diese Butter ein kostbares Nahrungsmittel in der kargen und kalten Gegend schmeckt ranzig und intensiv nach Kuh. So zeigt sich in der freundlichen Frage „Butter tea?" so der Name des Tees zwar die äußerst herzliche Gastfreundschaft der Ladakhis, den Tee mit freundlichem Gesichtsausdruck zu trinken, kann dem Gast aus der Ferne zum Beispiel aus Deutschland aber schwerfallen.

Teste dich!

Zeichensetzung

1 Setze im folgenden Text die fehlenden Kommas. (8 Punkte)

VORSICHT FEHLER!

Afrika „isst“ anders

In vielen ostafrikanischen Ländern zum Beispiel in Kenia Tansania oder Uganda wird täglich Ugali gegessen. Das ist ein klebriger sättigender geschmacksneutraler Maisbrei der mit der rechten Hand zu kleinen Kugeln geformt wird. Niemals wird mit der linken Hand gegessen denn sie gilt als unrein. Traditionell essen alle gemeinsam aus einer großen Schüssel. Sobald eine Ugalikugel in der Hand fertig gedreht ist tunkt man damit die Soße auf.

2 Begründe für jeden der folgenden Sätze die Kommasetzung. (5 Punkte)

A In Äthiopien, einem Land am Horn von Afrika, ersetzt ein dünnes Fladenbrot das Besteck.

B Das gesäuerte Brot, das Injera heißt, wird aus Hirse-, Weizen- oder Reismehl hergestellt.

C Nachdem das Mehl mit Wasser vermischt wurde, muss der Teig einige Tage gären.

D Die Zusammensetzung des Mehls entscheidet, wie das Brot schmeckt.

E Injera macht nicht nur satt, sondern ein Stück davon dient auch als Teller oder Greifwerkzeug für die Beilage.

3 Korrigiere: Streiche im folgenden Text falsche Kommas durch und ergänze fehlende Kommas. (11 Punkte)

VORSICHT FEHLER!

Wusstest du schon dass, in Südafrika gern Fleisch vom Springbock Warzenschwein und der Oryxantilope gegessen wird? Der größte Vogel der Erde der Strauß, wird dort auf Farmen gezüchtet denn sein Fleisch schmeckt lecker. „Smaaklike ete“, das heißt „Guten Appetit“ wünschen sich die Südafrikaner auf Afrikaans. Afrikaans ist eine Sprache die aus dem Niederländischen stammt sie ist heute eine, von 11 Amtssprachen in Südafrika.

Vergleiche deine Ergebnisse mit dem Lösungsheft. Für jede richtige Antwort bekommst du einen Punkt.

☺ 24–19 Punkte	😐 18–12 Punkte	☹ 11–0 Punkte
Gut gemacht!	Gar nicht schlecht, aber lies dir die Informationskästen auf den Seiten 102 bis 104 noch einmal genau durch.	Arbeite die Seiten 102 bis 104 noch einmal genau durch.

Ich teste meinen Lernstand

Wie kannst du mit der folgenden Einheit arbeiten?

1 Der folgende Test (S. 106 – 111) hilft dir zu erkennen, was du im Fach Deutsch schon alles gelernt hast: Was weiß ich? Was kann ich? Wo bin ich noch unsicher? Wo habe ich Lücken?
Du kannst mit dem Test verschiedene Bereiche prüfen:
- das **Verstehen von Texten** (Aufgaben Teil A),
- **Grammatik** (Aufgaben Teil B),
- **Rechtschreibung** (Aufgaben Teil C) und
- das **Schreiben von Texten** (Aufgaben Teil D).

Du kannst den Test am Ende des Schuljahres durchführen, wenn du wissen willst, ob du erfolgreich gelernt hast. Du kannst aber auch in der Mitte des Schuljahres testen, in welchen Bereichen du Schwächen hast und noch einmal besonders üben musst.

2 In dem Test begegnen dir verschiedene **Aufgabenarten,** z. B.: in einer Auswahl an möglichen Antworten die richtige ankreuzen (Multiple-Choice), Lückentexte richtig ausfüllen, Kurzantworten geben oder zu Grafiken und Stichworten einen Sachtext schreiben.

3 Lies die Texte und die **Aufgabenstellungen** immer sehr aufmerksam und überlege, bevor du z. B. vorschnell ankreuzt, ob du jeweils **genau verstanden** hast, was verlangt wird.

4 Du kannst deine Antworten mit Hilfe des Lösungsheftes selbst prüfen und anhand der erreichten Punktzahl deinen **Lernstand bewerten.**
Vielleicht kannst du den Test auch zusammen mit einer Partnerin oder einem Partner schreiben. Abschließend könnt ihr eure Fehlerschwerpunkte feststellen und beraten, was noch einmal geübt werden sollte.

A Den Text verstehen

Lies den folgenden Text über Achterbahnen und löse die Aufgaben auf den nächsten Seiten.
Beachte: Bei Multiple-Choice-Aufgaben ist immer nur eine Lösung richtig.

Nervenkitzel kopfüber – Achterbahnen

Aufgeregtes Kreischen durchschallt die riesige Halle im kanadischen Galaxyland-Vergnügungspark. Die leuchtend gelben Wagen der Mindbender-Achterbahn schießen den ersten Looping hinauf, durchrasen den zweiten. Im dritten Looping scheinen die Wagen am höchsten Punkt der Kurve nahezu festzuhängen. Doch die Schwerkraft siegt und der Zug setzt seine Fahrt zur nächsten Steilkurve fort.

Riesige Achterbahnen mit schwindelerregenden Streckenführungen gehören heute zu den Hauptattraktionen von Vergnügungsparks in aller Welt. Dass man sich in diesen so genannten Megacoastern[1] ohne Gesundheitsgefahren dem Wechselspiel der Beschleunigungen aussetzen kann, verdankt sich zu einem großen Teil dem deutschen Ingenieur Werner Stengel. Bis in die 1970er Jahre mussten Achterbahnfans bei Loopingfahrten mit Schleudertraumen und Schlüsselbeinbrüchen rechnen. Dann erforschte Stengel die während der Fahrt auftretenden Kräfte genau und konstruierte einen Looping, der dem Passagier nicht an den Knochen

1 Megacoaster: Riesen-Achterbahn, von engl. Rollercoaster (Achterbahn)

zerrt. Dazu verwendete er eine spezielle Kurventechnik, die auch beim Bau von Straßen und Eisenbahntrassen zum Tragen kommt.

☐ Doch Loopings erschienen dem Ingenieur schnell langweilig. „Das sieht von außen ziemlich beeindruckend aus. Aber Loopings kann man mit einem Glas Wasser in der Hand fahren, ohne etwas zu verschütten", winkt Stengel heute ab. Er suchte größere Herausforderungen. Neue Streckenführungen wie Herzkurven und Spiralen schaute er sich von bekannten Flugmanövern ab. Doch der Konstrukteur steigerte nicht nur die Angstlust[2] der Kirmesbesucher, er kümmerte sich auch intensiv um die Verbesserung ihrer Sicherheit. So gehen die automatischen Bremsen bei Achterbahnen auf Stengel zurück.

☐ Sein Ingenieurbüro konnte mit seinen Analysen, Erfindungen und Konstruktionsmethoden bald eine große Zahl von Achterbahnbauern überzeugen. Heute hat der mittlerweile über siebzigjährige Firmengründer die Geschäfte an seine Nachfolger übertragen. Doch Stengel wagt gern ab und zu noch eine Fahrt mit seiner Lieblingskonstruktion, der „Expedition GeForce" im Holiday Park im rheinland-pfälzischen Haßloch.

2 Angstlust: Freude an aufregenden oder sogar angsterregenden Tätigkeiten

Top Five – **Die schnellsten Achterbahnen der Welt**

Platz	Name	Vergnügungspark	Geschwindigkeit	Höhe
1	Kingda	Six Flags Great Adventure, New Jersey (USA)	205 km/h	139 m
2	Top Thrill Dragster	Cedar Point, Sandusky, Ohio (USA)	193 km/h	130 m
3	Dodonpa	Fuji-Q Highland, Fujiyoshida (Japan)	170 km/h	52 m
4	Tower of Terror II	Dreamworld, Coomera, Queensland (Australien)	160 km/h	115 m
5	Steel Dragon 2000	Nagashima Spa Land, Kuwana (Japan)	150 km/h	97 m

Aufgabe 1

Kreuze die richtige Antwort an. In dem Text „Nervenkitzel kopfüber – Achterbahnen" geht es um … **1 Punkt**

A ☐ verschiedene Konstruktionsprobleme bei Achterbahnen.

B ☐ die Lebensgeschichte des Ingenieurs Werner Stengel.

C ☐ die Gefahren beim Fahren von Loopings.

D ☐ die technischen Leistungen des Ingenieurs Werner Stengel als Achterbahnkonstrukteur. ☐ Punkt

Aufgabe 2

Der Text hat vier Sinnabschnitte: Welche der folgenden Zwischenüberschriften passt zu welchem Abschnitt? Trage den Buchstaben dort ein. **4 Punkte**

A Verbesserte Technik B Sausen mit 70 C Looping ohne Risiko D Dreimal kopfüber ☐ Punkte

Aufgabe 3

Kreuze für jede der folgenden Aussagen an, ob sie richtig oder falsch ist. **5 Punkte**

	richtig	falsch
A Früher konnte Achterbahnfahren zu Verletzungen führen.	☐	☐
B Achterbahnen bremsen in speziellen Aufwärtskurven ab.	☐	☐
C Werner Stengel ließ sich von Flugmanövern anregen.	☐	☐
D Die von Werner Stengel verwendete Kurventechnik gibt es auch im Straßenbau.	☐	☐
E Loopings sind lebensgefährlich.	☐	☐

☐ Punkte

Aufgabe 4

Kreuze für jede der folgenden Aussagen an, ob sie richtig oder falsch ist. **5 Punkte**

Die Grafik über die fünf schnellsten Achterbahnen auf der Welt ...	richtig	falsch
A informiert über Höhe und Geschwindigkeit jeder dieser Achterbahnen.	☐	☐
B ist ein Balkendiagramm.	☐	☐
C informiert über Geschwindigkeit und Kurvenzahl der Achterbahnen.	☐	☐
D ist eine Tabelle.	☐	☐
E zeigt die fünf besten Achterbahnen in den USA.	☐	☐

☐ Punkte

Aufgabe 5

Lies in der Spalte rechts das Gedicht „Die Schaukel" und kreuze das Thema an. **1 Punkt**

Im Gedicht „Die Schaukel" geht es um ...

A ☐ schöne Aussichten auf die Landschaft.

B ☐ den „Flug-Genuss" auf einer Schaukel.

C ☐ das Schwindelgefühl im Karussell.

D ☐ die Angst vorm Absturz von einer Schaukel.

☐ Punkt

Richard Dehmel

Die Schaukel

Auf meiner Schaukel in die Höh,
was kann es Schöneres geben!
So hoch, so weit: die ganze Chaussee
und alle Häuser schweben.

Weit über die Gärten hoch, juchhee,
ich lasse mich fliegen, fliegen;
und alles sieht man, Wald und See,
ganz anders stehn und liegen.

Hoch in die Höh! Wo ist mein Zeh?
Im Himmel! ich glaube, ich falle!
Das tut so tief, so süß dann weh,
und die Bäume verbeugen sich alle.

Und immer wieder in die Höh,
und der Himmel kommt immer näher;
und immer süßer tut es weh –
der Himmel wird immer höher.

Aufgabe 6

Was geschieht in der dritten Strophe?
Kreuze die richtige Antwort an. **1 Punkt**

Das lyrische Ich ...

A ☐ stößt sich den Zeh.

B ☐ verunglückt und stürzt ab.

C ☐ stellt sich einen Sturz vor.

D ☐ verletzt sich.

☐ Punkt

Aufgabe 7

Richard Dehmel verwendet im Gedicht eine Personifikation. Unterstreiche sie im Text. (1 Punkt) **2 Punkte**
Schreibe auf: Welche Wirkung erzielt er mit dem sprachlichen Bild? (1 Punkt)

____

____ ☐ Punkte

Aufgabe 8

Kreuze die richtige Antwort an. **1 Punkt**

Das Wort „und" wird am Versbeginn häufig wiederholt, ...

A ☐ um die Eintönigkeit zu betonen.

B ☐ weil „und" gut klingt.

C ☐ weil Gedichte Wiederholungen haben müssen.

D ☐ um die Fülle der Eindrücke zu betonen.

☐ Punkt

B Grammatik

Aufgabe 9

a Unterstreiche in dem Text über einen Parabelflug alle Sätze, die im Passiv stehen. (4 Punkte) **11 Punkte**
b Umkreise in diesen Sätzen jeweils die Passivformen. (4 Punkte)
c Wandle die Sätze B, F und I ins Passiv um. (3 Punkte)

Schwerelos beim Parabelflug

A Bei einem so genannten Parabelflug wird künstlich Schwerelosigkeit erzeugt. B Ein speziell ausgerüstetes Flugzeug beschleunigt zuerst steil nach oben. C Dabei werden die Passagiere mit doppeltem Körpergewicht an den Boden gepresst. D Dann fliegt das Flugzeug eine rasante Abwärtskurve. E Es befindet sich jetzt im freien Fall und dadurch sind alle Passagiere und Gegenstände schwerelos. F Die Piloten fangen das Flugzeug später aus dem Sturz ab. G Diese Flugbewegung wird bis zu 30 Mal wiederholt. H Durch den achterbahnartigen Kurvenflug wird der Orientierungssinn verwirrt. I Die Kurven nennt man Parabeln.

Satz B: ______________________________

Satz F: ______________________________

Satz I: ______________________________ ☐ Punkte

d Welche veränderte Wirkung entsteht durch die Umwandlung ins Passiv? **1 Punkt**

A ☐ Der Vorgang steht im Zentrum, nicht der Handelnde.
C ☐ Die Wirkung bleibt gleich.
B ☐ Der Handelnde steht im Zentrum, nicht der Vorgang.
D ☐ Der Text klingt besser.

☐ Punkt

Aufgabe 10

a Unterstreiche die Konjunktionen, die die Nebensätze einleiten. (6 Punkte) **12 Punkte**
b Bestimme die Art der Nebensätze (Gliedsätze) und trage die Buchstaben unten ein. (6 Punkte)

Fotografieren im freien Fall

A Es gab kein Oben und Unten mehr, sodass man frei im Raum schweben konnte.

B Ich fühlte mich, als hätte ich gar kein Gewicht mehr.

C Damit ich die Umgebung neu wahrnehmen konnte, setzte ich mich immer wieder an die Decke.

D Während ich Purzelbäume in der Luft schlug, fühlte ich mich glücklich und frei.

E Vor dem Abstürzen hatte ich nie Angst, obwohl wir uns im freien Fall befanden.

F Das Fotografieren war allerdings nicht so einfach, weil man ohne Halt leicht irgendwo anstößt.

☐ Modalsatz (Art und Weise)
☐ Konzessivsatz (Einräumung)
☐ Kausalsatz (Grund)
☐ Konsekutivsatz (Folge)
☐ Temporalsatz (Zeit)
☐ Finalsatz (Absicht, Zweck)

☐ Punkte

C Rechtschreibung

Aufgabe 11

Die folgende E-Mail enthält einige Fehler. Unterstreiche im Text die falsch geschriebenen Wörter und verbessere sie in der rechten Spalte. VORSICHT FEHLER! **7 Punkte**

Noch heute abend antworten: Einladung zur Geburtstagsfeier! __________

Freut euch, denn wir dürfen am samstag feierngehen. Seid ihr ... __________

... *schwindelfrei?* Ich habe mir nemlich das Achterbahn fahren im __________

Vergnügungspark gewünscht. Dort steht auch eines der grösten __________

Riesenräder in Europa. Oben erwartet uns etwas schönes: __________

Wir werden einen Aussblick über die ganze Stadt haben. __________

... *seefest?* Denn es gibt auch eine risige, neue Schifschaukel. __________

Beim Schaukeln heist es da festhalten! __________

... *mutig?* Dann könnt ihr mit mir auf den Freifalturm kommen. __________

Das wird ein kribbeln im Bauch geben, wenn wir aus 30 Metern __________

Höhe nach unten Rauschen. Ich freue mich auf euer Kommen! __________

Emma

☐ Punkte

Aufgabe 12

Kläre für die unterlegten Wörter, ob sie groß- oder kleingeschrieben werden. Streiche den falschen Anfangsbuchstaben durch. **6 Punkte**

Ein gruseliges Abenteuer

Haunted Mansion ist eine ganz B/besondere Geisterbahn. Die Fahrgäste B/bewegen sich in einer hängenden, vibrierenden, drehenden und kippenden G/gondel durch das Geisterhaus. Schauriger Nervenkitzel ist G/garantiert.

Fliehkräfte hautnah E/erleben

Das W/wildeste ist der *Transformer*. Hier erleben die M/mutigen einen besonderen K/kick. An einem V/verlängerten Arm werden die Gondeln während der Fahrt durch die Fliehkraft nach A/außen gewirbelt. Der *Transformer* bewegt sich in 16 Metern H/höhe in jede vorstellbare Richtung. Ein M/muss für jeden Karussellfan!

☐ Punkte

Aufgabe 13

Welche Fehler liegen vor? **4 Punkte**

a Korrigiere jedes der unterstrichenen Fehlerwörter in der linken Zeile. (2 Punkte)
b Begründe rechts daneben die Schreibweise. (2 Punkte)

A Max will fliegenlernen ____________ ____________

B Lena liebt das Auto fahren. ____________ ____________

C Am nächsten morgen ist schulfrei. ____________ ____________

D Kinder schlafen spät Abends. ____________ ____________

☐ Punkte

D Einen informativen Text schreiben

Aufgabe 14

26 Punkte

Schreibe für die Schülerzeitung einen informativen Text über den Sprung von Felix Baumgartner.

a Lies die Informationen auf dem Stichwortzettel genau.
Bringe sie in eine sinnvolle Reihenfolge, indem du Nummern einträgst.
b Überlege dir eine passende Überschrift.
c Schreibe den Text in dein Heft.

Beachte beim **sachlichen Schreiben:**
- Gliedere sinnvoll.
- Verzichte auf Wertungen und Meinungen.
- Achte auf das Tempus (Präteritum). Der Ausblick kann im Präsens stehen.
- Wandle direkte in indirekte Rede um.

A ☐ *Alter: 43, österreichischer Abenteurer und Extremsportler*

B ☐ *Felix Baumgartner nach dem Sprung: „Wenn man da oben steht, wird man demütig. Du denkst nicht mehr daran, Rekorde zu brechen, du denkst auch nicht mehr daran, wissenschaftliche Daten zu sammeln. Du willst nur noch lebend zurückkommen …“*

C ☐ *Amerikaner Joe Kittinger (Testpilot US-amerikanische Luftwaffe) hielt die Rekorde seit über 50 Jahren (ähnlicher Sprung 1960 als Projekt zur Weltraumforschung); Kittinger beriet Baumgartner bei seinem Sprung*

D ☐ *Pläne: Buchveröffentlichung „Himmelsstürmer – Mein Leben im freien Fall“*

E ☐ *14. Oktober 2012, Wüste von New Mexico: Aufstieg Felix Baumgartners in die Stratosphäre mit heliumgefüllten Ballon in Schutzanzug; Temperatur: –57 °C; Höhe: über 39 Kilometer, Sprung aus der Kapsel; Beschleunigung des Körpers auf 1343 km/h (Schallmauer durchbrochen); Öffnung des Fallschirms nach freiem Fall von über 4 Minuten, sichere Landung nach etwa 9 Minuten*

F ☐ *drei Rekorde: höchste bemannte Ballonfahrt, höchster Fallschirmsprung, höchste Geschwindigkeit eines Menschen ohne besondere Schutzhülle*

Die Punkteverteilung findest du im Lösungsheft auf Seite 31. ☐ Punkte

Autoren- und Quellenverzeichnis

S. 22: Kaes, Wolfgang: Mein erstes Mal – Mit dem Kanu auf der Sieg. Bonner General-Anzeiger, 17. 7. 2012, S. 16. **S. 30:** Hebel, Johann Peter: Der silberne Löffel. Aus: Aus dem Schatzkästlein. Reclam Verlag, Stuttgart 1986, S. 33 ff. **S. 34:** Scheibner, Hans: Der Maulwurf muss weg! Aus: Das Beste – Scheibnerweise. Rasch & Röhring, Hamburg 1993. **S. 41:** Flick, Sebastian: Ein Wunder an Körperbeherrschung. Bonner General-Anzeiger, 27. 2. 2012, S. 12. **S. 79:** Schlafen am Nordpol – eine Freizeitbeschäftigung. Aus: Laffon, Caroline und Martine: Kinder in fernen Ländern – für uns erzählt. Knesebeck Verlag, München 2005, S. 43. **S. 87:** Omar in der Karibik. Aus: Kindersley, Barnabas und Anabel: Kinder aus aller Welt. Dorling Kindersley, München 2010, S. 16 f. **S. 88:** Olja aus Russland. Aus: Kindersley, Barnabas und Anabel: Kinder aus aller Welt. Dorling Kindersley, München 2010, S. 30 f. **S. 108:** Dehmel, Richard: Die Schaukel. Aus: Gesammelte Werke. Sechster Band. Gedichte, Spiele und Geschichten für Kinder und Eltern jeder Art. S. Fischer Verlag, Berlin 1908

Bildquellenverzeichnis

S. 6: © Thorsten Schier – Fotolia.com; **S. 7:** Andrea Wagener, privat; **S. 8:** © snaptitude – Fotolia.com; **S. 9:** © Andrik Hackmann, Polizeiinspektion Diepholz; **S. 12** oben links: © Kathrin39 – Fotolia.com, oben rechts: © Digitalpress – Fotolia.com, Mitte: © pete pahham – Fotolia.com, unten links: © Piotr Marcinski – Fotolia.com, unten rechts: © fotodesignjegg.de – Fotolia.com; **S. 16:** © iStockphoto.com/Muammer Mujdat Uzel; **S. 18, 19:** © BPK/Scala; **S. 36** oben: © Bastos – Fotolia.com, unten: © wonderisland – Fotolia.com; **S. 40, 59:** picture alliance/Mary Evans Picture Library; **S. 41, 58 oben, 83, 111:** picture alliance/dpa; **S. 49:** © Elnur – Fotolia.com; **S. 50:** © auremar – Fotolia.com; **S. 57** links: picture alliance/akg images, Mitte: © h_lunke – Fotolia.com, rechts: © Zoo Frankfurt; **S. 58** unten: picture alliance/dpa © dpa – Fotoreport; **S. 61:** picture alliance/picture alliance; **S. 64:** freestyle-physics, Universität Duisburg-Essen, www.freestyle-physics.de; **S. 66:** © Ichbins11 – Fotolia.com; **S. 68:** © xbrchx – Fotolia.com; **S. 73:** Michélle Pyka, privat; **S. 76:** UNICEF-Logo: © mit freundlicher Genehmigung von UNICEF Deutschland, www.unicef.de, Logo Deutsches Kinderhilfswerk: © mit freundlicher Genehmigung des Deutschen Kinderhilfswerkes; **S. 78:** © Anatoliy Samara – Fotolia.com; **S. 80:** © Hugo Félix – Fotolia.com; **S. 82:** ullstein bild – Imagno / VHS-Archiv; **S. 86:** © Gerhard Seybert – Fotolia.com; **S. 87:** © SOMATUSCANI – Fotolia.com; **S. 88:** Getty Images – altrendo images; **S. 90:** © Marina Lohrbach – Fotolia.com; **S. 96** oben: © fuxart – Fotolia.com, unten: © kernel – Fotolia.com; **S. 99:** © Yuri Arcurs – Fotolia.com; **S. 100:** picture alliance/Sodapix AG; **S. 101:** © arsdigital – Fotolia.com; **S. 103:** Getty Images – Eric Gregory Powell; **S. 105:** picture alliance/dpa © dpa – Report; **S. 106:** Wikimedia Commons, Strifedaniel at en.wikipedia; **S. 109:** © Novespace; **S. 110:** © Birgit Reitz-Hofmann – Fotolia.com

Impressum

Redaktion: lüra – Klemt & Mues GbR, Wuppertal

Illustrationen:
Uta Bettzieche, Leipzig (S. 4, 25–28, 38, 39, 42, 44–46, 52)
Maja Bohn, Berlin (S. 6, 30–34, 93–95, 97)
Nils Fliegner, Hamburg (S. 55, 56, 60, 63, 65, 68–71)
Peter Menne, Potsdam (S. 5, 11, 74, 75, 79, 80, 85, 87, 89–92)
Juliane Steinbach, Wuppertal (S. 20, 21, 23)

Layoutkonzept: werkstatt für gebrauchsgrafik, Berlin
Technische Umsetzung: Uwe Rogal, Berlin

www.cornelsen.de

1. Auflage, 8. Druck 2023

Alle Drucke dieser Auflage sind inhaltlich unverändert
und können im Unterricht nebeneinander verwendet werden.

Druck: Athesiadruck GmbH

ISBN 978-3-06-062508-6

PEFC-zertifiziert
Dieses Produkt stammt aus nachhaltig bewirtschafteten Wäldern
PEFC
PEFC/18-31-166